DONATEURS, SI VOUS SAVIEZ…

ISBN : 978-2-9533196-1-3

Marc Reidiboym

DONATEURS, SI VOUS SAVIEZ...

Du Téléthon aux Restos du cœur
Enquête dans les coulisses des associations

Éditions Bertrand Gobin
9, rue Madame du Campfranc – 35000 Rennes

Centrées sur l'investigation, les Éditions Bertrand Gobin ont la volonté de permettre à des auteurs, journalistes, de publier leurs enquêtes dans les meilleures conditions possibles.

Découvrez les Éditions Bertrand Gobin sur Internet
www.bertrandgobin.com

Contact : editeur@bertrandgobin.com

NOTE DE L'ÉDITEUR

Publier un ouvrage critique sur les grandes associations nuit-il aux causes qu'elles défendent ? Lever le voile sur des méthodes discutables et braquer le projecteur sur les dysfonctionnements pourrait-il amener les donateurs à revoir leur générosité à la baisse ?

Alors que les besoins vont croissant – qu'il s'agisse de lutter contre la pauvreté ou les maladies –, comment ne pas se poser la question ? Avec Marc Reidiboym, l'auteur de cette enquête, nous nous sommes évidemment interrogés. Ne sommes-nous pas en train de faire le jeu des promoteurs du « tous pourris » et, au final, de jouer contre l'effort de solidarité ? À quoi bon lancer ce pavé supplémentaire dans une mare dont les eaux ont déjà été troublées par quelques affaires retentissantes ?

Soyons clair. Le but de ce livre n'est en aucun cas de porter un coup à la formidable générosité dont font preuve des millions de Français, préoccupés par les malheurs des autres. C'est justement parce que nous sommes sensibles à ce que représente cette solidarité qu'il nous paraît important d'en entretenir les fondamentaux. Marc Reidiboym pointe les dérives d'un système dont les défauts de gouvernance portent en eux les germes de la défiance. Son travail contribue de manière objective à l'information des donateurs afin de les inciter, collectivement, à être vigilants et exigeants. Sans transparence, la confiance n'est pas possible.

Bertrand Gobin

Chapitre 1

30 HEURES POUR FAIRE LE PLEIN

Ils sont deux, encore anonymes. Deux enfants parmi les stars. Calés dans leur fauteuil roulant, ils s'efforcent de sourire aux caméras. Le réalisateur s'attarde aussi souvent qu'il le peut sur leur visage, cadré en gros plan. En vrais professionnels, ils effacent alors grimaces et mines froissées pour nous offrir une mine radieuse. Sourire, encore et toujours... Leur présence sur les plateaux de télévision, ce jour-là, ne doit rien au hasard. Ils ont une mission à accomplir, importante, intimidante. Vitale, même, pour certains de leurs camarades. Ils le savent et font tout pour s'en montrer dignes. Malgré le trac.

Julie, la plus jeune, a tout juste 9 ans. Son visage rond, lumineux, est surmonté de fins cheveux frisés. Un joli accent méridional ponctue chacune de ses interventions. Elle est atteinte d'amyotrophie spinale, une maladie génétique rare qui la prive de l'usage de ses jambes et affaiblit considérablement ses membres supérieurs. Adrien, son aîné d'un an, vient d'entrer en 6e. Il souffre de la myopathie de Duchenne. La maladie se manifeste dans la petite enfance et affaiblit les muscles des hanches et du bassin. Ses effets se généralisent ensuite, peu à peu, à l'ensemble du système musculaire.

Ce vendredi 7 décembre 2007 au soir, les regards de millions de téléspectateurs sont braqués sur eux. La 21e édition du Téléthon vient à peine de commencer et c'est Julie que l'on a choisie pour l'incarner à l'image. Adrien, le « visage » de l'édition précédente, est là pour lui passer le témoin.

« Adrien, tu as vu Julie, bien sûr, avant l'émission… Tu lui as donné des conseils ? questionne l'animatrice Sophie Davant.

– Je lui ai dit qu'il fallait penser à tout le monde pour surmonter le stress.

– Qu'il fallait penser à qui ?

– A tout le… à tous les handicapés, à tous ceux qui pensent à elle, de… »

Le jeune garçon semble déstabilisé. Il ne s'attendait pas à une question aussi directe et redoute visiblement de mal faire. Il n'est pas encore au bout de l'épreuve.

« Adrien a passé une année très dure, je crois, Fabienne, il a subi une très lourde opération..., poursuit la présentatrice.

– Oui, c'est vrai qu'on avait attendu le Téléthon de l'an dernier, répond Fabienne, sa maman. Quelques mois après, Adrien a subi une ténotomie : une opération qui permet aux jambes de se tendre à nouveau pour qu'il puisse se verticaliser. Ça a été douloureux mais le moral était là car nous avions l'espoir d'assister de nouveau à l'émission cette année ! »

Elle sourit largement aux caméras et hoche la tête à plusieurs reprises. Elle semble ravie d'être là. Adrien, lui, assiste à la scène sans broncher. Puis l'acteur Gérard Jugnot conclut la séquence en rappelant que le chien du jeune garçon a également subi une opération l'année dernière. Histoire de détendre l'atmosphère, sans doute…

Vient le tour de Julie. « Elle représente à elle seule tous les enfants malades, martèle Sophie Davant. Julie, une petite fille pleine de vie et d'espoir, regardez… » Un court reportage commence aussitôt. Rythmé par les notes d'un lent carillon, il met en scène l'enfant dans sa vie quotidienne. Des soins lui sont prodigués aux jambes et le cadreur nous montre les grimaces qui crispent son visage. Sa petite sœur Laura, valide, assiste à la scène. Quelques photos souvenirs viennent à peine de nous la présenter, avec ses parents Christelle et Laurent. Julie s'exprime abondamment, elle parle de sa maladie avec des mots simples, sans pathos. Sa maturité est surprenante. « Ce n'est pas un combat physique, comme quand on voit des combats de guerre. C'est plutôt un combat mental, on en a marre de ne pas marcher », conclut-elle avant de s'éloigner en fauteuil roulant, au son du piano.

Pour moi, qui assiste à l'émission pour la première fois, la surprise est totale. Je reste rivé à mon écran, en proie à des émotions contradictoires. L'auteur du reportage fait tout pour m'arracher quelques larmes, et il y parvient sans difficulté. Mais je ne peux m'empêcher de penser à ces enfants et au poids que cette mise en scène, devant des millions de téléspectateurs, fait peser sur leurs épaules. Certes, on imagine mal leurs parents ou les responsables de l'Association française contre les myopathies (AFM), coorganisatrice de l'événement avec France Télévisions, les obliger à faire office de porte-drapeau. On peut même supposer que tout a été fait pour s'assurer de leur consentement, psychologues à l'appui. Mais que vaut le consentement d'un enfant de 9 ans dans de telles circonstances ? Et quels seront les effets de cette soudaine célébrité sur leur vie de tous les jours ?

Vedettes éphémères, Adrien et Julie apparaissent à l'écran pour ce qu'ils sont : les vecteurs d'émotion indispensables au succès financier du Téléthon. Et dans ce registre, les 30 heures de direct de l'opération vont donner aux animateurs de multiples occasions de prouver leur « savoir-faire ». Spécialistes des questions de santé sur France 5, Michel Cymes et Marina Carrère d'Encausse auront, eux aussi, l'occasion d'interviewer Julie. La soirée est alors bien avancée, il est plus de 21 heures et nous entrons dans le vif du sujet : les premiers essais thérapeutiques à grande échelle. L'enjeu est de taille. Il s'agit de stopper l'évolution de la maladie au moyen d'un médicament. Julie intervient ici en qualité de future participante aux essais.

« Dis-moi, Julie, si tu veux que les gens donnent des sous, dis-nous quel est ton but. Tu aimerais quoi, remarcher un jour, c'est ça ?

– Ben, remarcher, oui…

– Donc c'est pour ça qu'il faut que les gens appellent le 36 37, c'est vraiment important », assène Marina Carrère d'Encausse.

Son compère Michel Cymes vient de nous présenter l'essai, mené sur 130 patients et dirigé par le professeur Louis Viollet de l'hôpital Necker, à Paris. Pour Julie, les choses sérieuses démarrent le 13 décembre, soit quelques jours à peine après l'émission.

« Julie, est-ce que tu comptes les jours qui te séparent du 13 décembre ?

– En fait, je me souvenais de la date mais je ne compte pas les jours », sourit l'enfant, qui sort spontanément du registre émotionnel dans lequel on tente de l'enfermer. Elle revient à des explications techniques sur son futur traitement, l'utilisation de placebos et les garanties prises pour que personne ne découvre la vraie nature du médicament qu'elle ingère. Mais Michel Cymes revient à la charge.

« Le 13 décembre au matin, quand tu vas commencer ton traitement, tu as une idée de ce qui va se passer dans ta tête ?

– Avant d'intégrer l'essai, de connaître les doses, je vais passer des tests de mobilité pour voir si les choses évoluent avec le traitement », recadre une nouvelle fois la gamine.

Deux heures, à présent, qu'animateurs et malades se relaient en direct à l'antenne. Clémence, 10 ans et demi, apparaît sur le plateau avec Ghislaine, sa maman. Elle est là pour témoigner de la difficulté à établir un diagnostic, difficulté encore réelle pour deux tiers des maladies génétiques rares. Clémence semble nettement plus atteinte que Julie. Sa tête reste calée sur le dossier de son fauteuil roulant, presque immobile. Les traits de son visage sont crispés et elle s'exprime avec difficulté. Ghislaine nous explique que sa fille, qui a perdu l'usage de ses jambes à 6 ans, a subi depuis deux biopsies musculaires. Aucune d'elles n'a permis d'identifier le gène défectueux. On sait simplement qu'elle souffre de myopathie, sans pouvoir en préciser la forme.

« C'est très difficile à vivre, reconnaît la maman. Quand la deuxième biopsie s'est révélée négative, nous avons un peu perdu espoir. Nous nous sommes demandé comment nous allions faire pour agrandir notre famille.

– Vous souhaitiez avoir d'autres enfants ? interroge Marina Carrère d'Encausse.

– Oui, c'était notre but principal avec mon mari, nous nous sommes rencontrés jeunes pour cela. Mais nous ne pouvons pas. On nous le déconseille. »

L'émotion est montée d'un cran. Tout le monde sait désormais que Clémence, qui subit déjà les affres de sa maladie, est aussi une source involontaire de frustration pour ses parents. Ils rêvaient d'une grande famille et ce beau projet est remis à plus tard. Peut-être même ne verra-t-il jamais le jour, tant les risques semblent importants. Aucun médecin n'est en mesure d'énoncer le verdict pour le moment.

Le téléspectateur mesure alors le calvaire de ces gens, condamnés à lutter chaque jour contre un ennemi sans nom. Un malheur n'arrivant jamais seul, ils doivent mettre leurs projets en veilleuse jusqu'à une date indéterminée. Le pire serait que le diagnostic arrive, mais trop tard. Que Ghislaine apprenne que rien ne s'oppose à une nouvelle grossesse à un âge où elle n'est biologiquement plus à même de l'assumer. Quant à Clémence, elle doit vivre avec sa « double peine » : une maladie grave et la culpabilité qui l'accompagne.

« Alors Clémence, on l'a dit, si on ne trouve pas le gène, on ne peut pas aboutir à des essais thérapeutiques. C'est ressenti comment, quand on est soi-même victime de la maladie ? C'est une injustice ?

– Oui, c'est dur…

– C'est dur parce qu'on se dit que ce ne sera pas pour nous ? relance l'animatrice.

– Oui… », répond la jeune fille, alors que le réalisateur, insistant, prolonge le gros plan pendant plus de 15 secondes.

Le point culminant sera atteint quelques minutes plus tard, avec un reportage bouleversant sur la progéria. Rarissime, cette maladie toucherait en tout et pour tout une quarantaine de personnes dans le monde. Elle se traduit par un vieillissement cellulaire accéléré et affecte l'ensemble de l'organisme. À 10 ans, l'enfant qui en souffre ressemble déjà à un vieillard. Son décès intervient le plus souvent avant l'âge de 18 ans. Les images qui défilent devant nos yeux sont impressionnantes. Voir ces enfants au visage ridé, essoufflés au premier effort et munis de lunettes identiques à celles de leurs grands-parents est une véritable épreuve. L'espoir est pourtant permis, comme nous le révèle ensuite en plateau le professeur Nicolas Lévy, de l'hôpital de la Timone, à Marseille. Le médecin s'apprête en effet à tester une combinaison de deux molécules susceptibles, sinon de stopper l'évolution de la maladie du moins d'en limiter les effets. Mais l'on retient surtout les visages des petits malades, leur souffrance et l'impuissance manifeste de leurs parents.

Des moments aussi intenses, je le découvrirai plus tard, ne doivent rien au hasard. Ils ne sont pas seulement le fait de gens de télévision formés – déformés ? – à l'école de la télé-réalité, habitués à faire naître les larmes pour gagner les téléspectateurs à leur cause. Ils procèdent également de méthodes éprouvées et clairement encouragées par l'AFM. Les 20 premières éditions du Téléthon ont réuni des centaines d'animateurs, de vedettes du cinéma ou de la chanson, de scientifiques et de malades. Des interventions de toute nature ont été testées, souvent dans l'improvisation la plus totale. Et l'émotion est rapidement apparue comme une arme d'une redoutable efficacité.

Chaque année, l'AFM édite un guide destiné aux animateurs du Téléthon. Distribué avant l'émission, il fait le point sur les actions de l'association et l'utilisation des sommes collectées. Il multiplie également les conseils pour « utiliser les mots justes » pendant les 30 heures de direct. Ce guide n'est, en principe, pas conçu pour être révélé au grand public. Laurence Tiennot-Herment, la présidente de l'AFM, m'en parlera pourtant spontanément lorsque je la rencontrerai pour la première fois. Elle ne fera ensuite aucune difficulté pour m'en remettre un exemplaire. Rien d'étonnant à cela : à ses yeux, il s'agit surtout de donner aux animateurs un cadre pour limiter les dérapages. Son échelle de valeur est celle d'une personne en lutte, qui a vu sa famille proche affectée directement par la maladie. Mais vu de l'extérieur, le guide en question révèle un certain état d'esprit.

« Bien parler du Téléthon, de ce qu'il a rendu possible, ne suffit pas, peut-on y lire. Le Téléthon est fait pour collecter ! C'est l'unique source de financement de l'AFM. Il faut donc amener le téléspectateur à devenir donateur. » Plus loin, un passage mentionne ouvertement l'intérêt des moments d'émotion : « Les appels des téléspectateurs sont généralement une réponse spontanée à ces moments. Ce sont des instants privilégiés qu'il faut choisir, car c'est là que l'appel au don prend tout son sens. »

Pas étonnant, dès lors, que Michel Cymes, Sophie Davant ou Nagui interrogent les jeunes malades sur leur vécu, leurs difficultés les plus intimes, l'injustice de la maladie. Pas étonnant non plus que ces séances soient systématiquement suivies d'appels comminatoires à donner, sur le mode : « Voyez la détresse de ces enfants et réagissez sans tarder ! Vous ne pouvez pas rester insensibles ! »

Bien sûr, on objectera que ces méthodes sont motivées par un souci d'efficacité. La cause est juste, et l'important est de faire avancer la recherche. Bousculer un peu les Français pour prolonger l'espérance de vie de milliers d'enfants n'est en rien condamnable. Le problème, c'est qu'une telle logique produit d'inévitables dérapages. Lorsqu'au milieu de la soirée du 7 décembre, Nagui interviewe le jeune Étienne, l'invitant à nous raconter son repas d'anniversaire avec l'humoriste et actrice Virginie Lemoine, l'enfant écourte volontairement ses réponses. Il détourne le regard, bouge la tête en tous sens, visiblement très mal à l'aise. « Raconte-nous comment tu as vécu ça, Étienne, on a envie de savoir, on n'y était pas… », insiste l'animateur. Mais il fait rapidement machine arrière devant le silence obstiné du jeune garçon, qui soupire et se pince les lèvres. « Bon, eh bien ! ne nous raconte pas, ne nous raconte pas », conclut-il, gêné, avant de se faire tancer par un Michel Cymes fidèle à lui-même, raillant sa propension à « harceler les enfants ».

Plus tôt, ce jour-là, c'est Sophie Davant qui s'est distinguée en lançant un vibrant appel aux téléspectateurs. Julie, porte-drapeau de l'édition 2007, était à ses côtés. « Et maintenant, il va falloir que nous comptions sur vous, sur votre générosité, il va falloir que vous composiez le numéro magique, s'enflamme l'animatrice avant de se tourner vers Julie. Tu le connais, Julie, le numéro, dis-le avec l'accent…

– C'est le 36 37 », s'exécute aussitôt la gamine.

Le « guide animateur » de l'AFM est pourtant formel : les enfants eux-mêmes ne doivent pas lancer d'appels au don. Il ne faut pas les inciter à dire « téléphonez au 36 37 » ni à demander de l'argent. Mais la tentation était trop forte…

C'est également une enfant, valide cette fois, qui nous enjoint à soutenir la recherche en faisant nos courses, grâce à l'opération « Téléthon en hyper ». Après nous avoir présenté sa famille, elle nous explique que 11 marques de produits de consommation courante – chocolat, riz, chewing-gum ou adoucissant – se sont engagées à reverser une partie de leur prix de vente au profit du Téléthon. La liste des magasins participants est disponible sur Internet. « Le Téléthon en hyper, c'est pas compliqué, y a plus qu'à y aller », conclut une voix masculine. Les petites filles rivées à leur écran ce jour-là sont donc priées de s'identifier à leur camarade, dont le prénom est – volontairement ? – omis. Elles sont censées passer le mot à leurs parents et les prendre par la main jusqu'à l'hypermarché le plus proche, pour y acheter les « bons » produits. Difficile de refuser, puisque c'est pour la bonne cause…

Les animateurs de France Télévisions ont d'autres cordes à leur arc. Chocs émotionnels et utilisation systématique des enfants sont loin de constituer leurs seules techniques. Tout au long de l'émission, ils démontreront leur aptitude à dramatiser l'événement et à culpabiliser les téléspectateurs. Cela commence avec le célèbre compteur, dont le montant augmente en temps réel, à mesure que les promesses de dons sont enregistrées. Le premier jour, il affiche la somme collectée l'année précédente. Sa remise à zéro intervient à 19 heures précises. Sophie Davant s'escrime à mettre en scène la manœuvre, évoquant un moment « émouvant », « douloureux », « qui fait mal », etc. La même Sophie Davant n'hésitera pas, quelques minutes plus tard, à prendre une nouvelle fois Julie à témoin, exhortant les téléspectateurs à donner « pour elle, parce qu'elle attend le médicament miracle qui lui permettra de vivre comme les autres enfants, de retrouver son autonomie ». La réalité est malheureusement plus complexe, mais qu'importe…

Nagui, quant à lui, s'attachera tout au long de la soirée à exhorter les téléspectateurs en minimisant la somme collectée et en fixant de nouveaux objectifs toujours plus élevés. Répondant ainsi à la chanteuse Liane Foly, qui se réjouit de voir le compteur monter régulièrement, il déclarera notamment « Oui, c'est vrai mais, ce n'est pas suffisant car, vous le savez, on doit dépasser les 101 millions d'euros de l'an dernier. Ce serait idéal d'arriver à 102 millions ! » Pour appuyer de tels propos et faire encore monter la pression, des messages écrits défilent périodiquement en bas de l'écran. Exemple : « Les malades se battent contre le temps, accélérez la recherche, appelez le 36 37. »

L'autre façon de dramatiser le discours, c'est de brandir une menace difficile à entendre, insupportable pour quiconque est sensible au sort des malades : l'interruption des recherches par manque de crédits. Sophie Davant interviendra ainsi après l'annonce du premier essai thérapeutique sur la progéria, évoqué plus haut : « L'espoir, vous le voyez, se concrétise. Vous voyez que votre argent est bien utilisé et que l'on commence à parler de traitement. C'est formidable et il ne faut vraiment pas s'arrêter là. Ce serait terrible ! »

Ce thème, à l'évidence, est risqué et peut très vite se retourner contre l'association à la moindre incartade. Cela n'empêche pas Kad Merad, l'un des parrains du Téléthon 2007, de l'utiliser lui aussi pendant l'émission. Il nous livre ses impressions après la visite du Généthon, centre de recherche sur le génome humain, financé à plus de 80 % par l'AFM. « J'ai compris là-bas pourquoi il fallait beaucoup d'argent. Pas simplement de l'argent mais beaucoup d'argent. Parce qu'il faut payer les chercheurs, entretenir leurs laboratoires, faire en sorte qu'ils aient le meilleur matériel. Or, le prix de leurs appareils est hallucinant.

– Oui, et ce qui est affolant, renchérit Nagui, c'est que, s'il n'y a pas suffisamment d'argent, certains essais s'arrêtent. C'est immédiat et mécanique. »

Michel Cymes ira jusqu'à évoquer la fermeture possible d'I-Stem, un centre de recherche créé en 2005 et travaillant sur les cellules souches. Le laboratoire tente de développer de nouvelles thérapies cellulaires, dans le but notamment de combattre les effets de la maladie de Huntington. Cette dernière touche environ 5 000 personnes en France et se manifeste généralement entre 40 et 50 ans. Elle se traduit par une dégénérescence progressive des cellules nerveuses – les fameux neurones – et affecte d'abord les fonctions motrices puis cérébrales. Les malades ont une fin de vie particulièrement pénible, qui affecte également lourdement leur entourage : ils sombrent dans la démence.

« S'il n'y a plus d'argent demain, le laboratoire va fermer. Et si le laboratoire ferme, les cellules souches, on ne va plus travailler dessus. Et ces gens, porteurs du gène de la maladie de Huntington, ils attendent. Ils ne sont pas tous malades mais ils savent qu'ils le seront un jour. Et ce jour-là, si la thérapie n'existe pas... »

« Ce sera votre faute », pourrait presque ajouter l'animateur en s'adressant aux millions de personnes rivées à leur téléviseur. Il ne prononcera pas ces mots mais le message est clair, quoique implicite. Pourtant, I-Stem n'est financé qu'à hauteur de 50 % par l'AFM, le reste de ses ressources provenant de l'Institut national de la santé et de la recherche médicale (Inserm), associé à d'autres organismes publics. La menace semble donc pour le moins exagérée. Mais les animateurs n'en ont cure... Quelques instants plus tard, Marina Carrère d'Encausse fera preuve de moins de retenue encore. Dans une longue tirade emplie d'aigreur, elle fustigera directement notre égoïsme supposé. « Il est impensable de se dire que les essais vont s'arrêter par manque d'argent, déclarera-t-elle. Si vous avez des enfants, je vous conseille une chose : allez les voir, allez voir à quel point vous avez de la chance de les savoir en bonne santé. C'est tellement injuste d'avoir un fils ou une fille en bonne santé alors que d'autres n'ont pas cette chance que bon, voilà, vous décrochez votre téléphone et vous donnez quelque chose, c'est tout ! » Rien à ajouter en effet...

À ces mots, je me dirige vers mon téléviseur et je presse le bouton « off ». Combien de mes semblables ont fait de même depuis le début du Téléthon ? Difficile à dire. Une telle agressivité est pénible à entendre, en plus d'être totalement injustifiée.

Nous ne sommes en rien responsables des malheurs quotidiens de ces enfants ni de leurs parents. Nous sommes même plus sensibles à leur sort que la moyenne, comme en témoigne notre présence devant notre écran ce jour-là. Dès lors, pourquoi nous fustiger de la sorte ? Excès de zèle, peut-être, pression collective exacerbée, sûrement… Car l'événement, par sa nature même, porte en lui les germes des dérapages observés à l'écran. Les comptes de l'AFM révèlent en effet que le Téléthon représente près de 86 % des ressources de l'association. 86 % collectés en 30 heures, avec tous les risques que cela suppose. « Si l'émission se passe mal ou si France Télévisions décide un jour de ne plus nous soutenir, on sait très bien ce qu'il adviendra de nous… », m'expliquera plus tard Laurence Tiennot-Herment, gagnée, elle aussi, par les sirènes de la dramatisation. La présidente justifiera les écarts de langage des animateurs par l'importance de l'enjeu et la tension qui en découle, palpable sur les plateaux. Ajoutons-y les aléas du direct, et la « faute » est rapidement pardonnée. « Les gens de télévision, les artistes connaissent peu notre milieu, peuplé de malades et de personnes en souffrance, insistera la présidente. Ils prennent tout cela en pleine face et ont parfois tendance, c'est vrai, à en faire un peu trop. Mais comment le leur reprocher ? »

La question en appelle une autre, inquiétante pour ceux qui espèrent : et si de tels excès finissaient à la longue par décourager les donateurs et produisaient l'effet inverse de celui recherché ? À la fin de l'édition 2007, l'objectif de 102 millions d'euros fixé par Nagui n'a pas été atteint, loin s'en faut. Le compteur affichait 96 228 000 euros, soit 5 % de moins que l'année précédente.

Plus près de nous, les 30 heures du Téléthon 2008 ont confirmé la tendance. Thomas, 8 ans, a succédé à Julie comme porte-drapeau de l'émission. Contrairement à cette dernière, le bambin pouvait se tenir sur ses deux jambes malgré sa maladie. Et le reportage censé nous le présenter avait choisi – assez maladroitement – le registre de l'humour plutôt que celui de l'émotion. Mais, pour le reste, pas de changement ou presque : mêmes visages d'enfants intimidés en plateau, même dramatisation des enjeux, même culpabilisation des donateurs appelés à « dépasser cette crise financière qui nous affecte tous mais, qui n'est rien au regard de ce qu'endurent les malades »… Nagui et Sophie Davant, quant à eux, étaient toujours là, fidèles au poste. Bilan : 95,2 millions d'euros de promesses de dons, soit encore un million de moins que l'année précédente.

Les deux animateurs-vedettes n'ont pourtant pas ménagé leur peine. Non contents d'abuser des ressorts dramatiques ou émotionnels, ils ont largement insisté sur les coûts faramineux de la recherche : 120 000 euros par malade, par exemple, pour lancer un essai thérapeutique ; 1 million d'euros pour tel robot permettant d'accélérer les travaux sur les cellules souches.

Pour ceux que de tels arguments laissent de marbre, ils ont également insisté à plusieurs reprises sur les applications de la recherche, nombreuses et parfois inattendues. Certaines découvertes récentes éclairent ainsi d'un jour nouveau des pathologies fréquentes, tel l'infarctus du myocarde ou la dégénérescence maculaire liée à l'âge, une maladie de la rétine affectant gravement la vision. Tout était donc fait pour que chacun se sente directement concerné, voire menacé. Car, comme aime à le rappeler Nagui, « contracter une maladie génétique rare peut nous arriver à tous, quel que soit notre âge et quels que soient nos antécédents familiaux ». Mais rien n'y fait. Sans être catastrophiques, les « scores » des deux derniers Téléthon demeurent inférieurs aux attentes de leurs promoteurs. Et deux années consécutives de baisse, ce n'est plus un « trou d'air » passager lié aux effets de la météo ou de la crise. C'est le signe d'un malaise profond et durable.

Cette évidence ne pouvait que conforter mon intention, née au fil de l'émission de décembre 2007 : enquêter sur la machine Téléthon. Quelles méthodes utilisent ses organisateurs ? Quels principes les animent ? Comment gèrent-ils leurs relations avec les chaînes de télévision ? Enfin, y a-t-il des leçons à tirer des événements médiatiques organisés par d'autres associations, tels les Restos du cœur et leur soirée des Enfoirés ? Ces interrogations en appellent une autre, capitale pour tous ceux qui donnent : où vont les sommes colossales récoltées depuis plus de vingt ans par l'AFM, et qui veille à leur bonne utilisation ? « Quand vous maniez l'émotion et la culpabilité, vous prenez un risque, m'expliquera plus tard un spécialiste. Celui de schématiser à outrance, voire de distordre la réalité. Vous êtes donc plus vulnérable aux quiproquos et aux crises de confiance. » Est-ce cela dont souffre aujourd'hui le plus grand événement caritatif de l'Hexagone, ce décalage entre un discours simpliste, larmoyant et par moments agressif, et une réalité plus complexe ? Ou bien s'agit-il d'autre chose ? La question mérite que l'on s'y attarde. Elle concerne chacun des 1,1 million de donateurs du Téléthon.

Janvier 2008. Quartier des Halles, à Paris. C'est une froide journée. Je pense à tout sauf au Téléthon. Je me rends au rendez-vous fixé par l'un des rédacteurs en chef pour lesquels j'officie. L'objet de l'entrevue est d'arrêter mon planning rédactionnel des six prochains mois. Il va falloir négocier au plus juste pour obtenir un volume d'activité suffisant. Pas franchement évident…

J'achève mentalement, pour la troisième ou quatrième fois ce jour-là, le bilan des engagements pris ces dernières semaines, lorsqu'une jeune fille résolue m'accoste, un grand sourire aux lèvres.

« Bonjour monsieur, auriez-vous cinq minutes à me consacrer ?

– Euh… oui, mais pas beaucoup plus !

– Vous connaissez la Croix-Rouge française ?

– Oui, comme tout le monde, je suppose.

– Savez-vous qu'elle assure des missions très différentes, à l'étranger comme en France ?

– Non, mais je sens que vous allez m'éclairer…

– Eh bien, il y a d'abord l'aide aux victimes en cas de conflit partout dans le monde, le secourisme, mais aussi des choses moins connues comme l'aide aux sans-abri, les missions auprès des jeunes dans les quartiers défavorisés, le soutien scolaire. Vous êtes sensible à ces questions ? »

Je réfrène mon envie de jeter un œil à ma montre et j'accorde encore quelques minutes à la jeune fille. Elle a moins de 25 ans et doit être étudiante. Elle porte un pull en laine polaire rouge, sur lequel est cousu un énorme insigne brodé rouge et blanc. Aucun doute possible sur la cause qu'elle défend ! Après tout, me dis-je, elle se donne du mal et dix personnes ont dû l'envoyer balader avant moi. Cela mérite bien un peu d'attention…

« Oui, oui, c'est vrai qu'on peut difficilement rester insensible. Quand on voit tous ces gens dans la rue…

– Alors, vous allez sans doute vouloir faire un geste pour nous soutenir…

– Bien sûr, dis-je en sortant mon porte-monnaie. On donne ce qu'on veut ou il y a un minimum ?

– Eh bien, normalement, c'est 6 euros.

– Ah, quand même… Alors, allons-y pour 6 euros ! »

Je commence à compter les pièces dont je dispose mais la jeune fille m'interrompt.

« Non, en fait, ce n'est pas un don ponctuel que je vous demande. C'est un engagement dans la durée. Il faut verser 6 euros par mois, par prélèvement bancaire. »

L'échange prend une tournure inattendue, et j'ai la désagréable sensation que l'on tente de me forcer la main. Pour se justifier, ma « rabatteuse » insiste, en effet, sur l'importance des missions de l'association, la nécessité de disposer de ressources régulières pour travailler « dans la durée ». Elle ajoute que, si tel n'est pas le cas, certains projets risquent d'être interrompus, avec toutes les conséquences dramatiques que cela suppose. Voilà qui me rappelle vaguement quelque chose…

« Et si vous me laissiez une brochure ou un bulletin d'adhésion, pour que j'y réfléchisse tranquillement ?

– Ce n'est pas possible, monsieur. Il faut vous engager tout de suite. Vous avez sans doute un RIB ou un carnet de chèques sur vous, non ? »

Je commence à m'interroger sur ses intentions réelles. Elle porte un badge à son nom et cinq ou six de ses camarades sont habillés comme elle, non loin de là. L'événement a l'air officiel et personne ne semble s'en offusquer. Même les CRS qui patrouillent à proximité nous considèrent sans le moindre froncement de sourcil.

« Écoutez, c'est un peu précipité, ce que vous me demandez. J'ai quand même le droit de réfléchir, d'avoir des doutes, vous ne croyez pas ?

– Si vous avez des questions, je suis là pour y répondre. Et puis si vous êtes sensible aux problèmes sociaux, comme vous me l'avez dit, je pense que vous avez déjà réfléchi à tout ça. De toute façon, vous pouvez toujours vous engager maintenant et résilier votre prélèvement ensuite si vous changez d'avis.

– Oui, sauf que mes coordonnées bancaires se baladent dans la nature...

– Enfin, monsieur, nous ne sommes pas n'importe qui ! C'est la Croix-Rouge, vous pouvez avoir confiance tout de même ! »

Je me remémore alors les récits de certains amis, qui ont subi le même type de sollicitations dans le passé. Ils m'avaient déjà décrit l'insistance de ces recruteurs de rue, leur souci manifeste de « faire du chiffre » en culpabilisant les passants lorsque c'est nécessaire. Pour en avoir le cœur net, je pose une dernière question à la jeune fille avant de filer à mon rendez-vous.

« Dites-moi, vous êtes une bénévole, c'est bien ça ?

– Ah ! non, pas tout à fait. Nous représentons la Croix-Rouge, mais on nous paie pour trouver des donateurs. »

Tout est dit. Les méthodes du Téléthon, dont je m'étais étonné quelques semaines plus tôt, n'ont finalement rien d'exceptionnel. Culpabilisation et marketing semblent partout devenus la règle. Et l'enquête que j'envisageais alors paraît plus justifiée que jamais. Comment ne pas s'interroger lorsqu'une institution aussi renommée que la Croix-Rouge recourt aux méthodes d'un démarcheur à domicile ? Comment éviter le doute au moment de glisser son chèque annuel dans l'enveloppe ? L'argent que nous dédions aux causes qui nous tiennent à cœur est censé aider ceux qui souffrent. Est-il judicieux de s'en servir pour payer des recruteurs de rue, dont la fonction est de nous faire payer une seconde fois, avec des méthodes contestables ? Ce ne sont pas seulement les grands-messes médiatiques qui sont ici en cause mais bien l'ensemble du secteur caritatif et humanitaire. Son organisation, ses méthodes, les garanties que sont censés nous apporter ceux qui le contrôlent : tout doit être passé au crible. La tâche est longue et difficile. Mais elle mérite que l'on s'y attelle.

Chapitre 2

T'AS PAS UN MILLIARD ?

Qui sont les plus gros collecteurs de dons de l'Hexagone ? Quels organismes mobilisent massivement les Français et drainent chaque année des dizaines, voire des centaines de millions d'euros ? Curieusement, ni la puissance publique ni les organismes caritatifs eux-mêmes ou leurs représentants ne peuvent répondre à ces questions.

Le classement dont il est question ici ne figure dans aucun rapport, aucune étude récente. Jugé inutile et même trompeur, il est balayé d'un revers de la main par les responsables du secteur. « Comparer les sommes collectées par les organismes ? Cela n'a strictement aucun sens, assène l'un d'eux. Certaines associations privilégient le don d'argent, d'autres préfèrent les apports en nature sous forme de nourriture, vêtements ou objets divers. Les secondes apparaîtront moins " grosses " que les premières, alors que leur action est tout aussi importante sur le terrain. » Un second lui emboîte le pas : « L'institution hébergeant des enfants en difficulté peut percevoir d'importantes subventions publiques pendant qu'une autre, dédiée à la recherche médicale,

Le Top 20 de la générosité en France

	Sommes collectées en 2007	Classement 2006
1. Fondation de France	183,3 M€ (1)	3e
2. Association française contre les myopathies (AFM)	105,4 M€	1er
3. Secours catholique	94,0 M€	4e
4. Fondation d'Auteuil	87,2 M€	2e
5. Restaurants du cœur	77,3 M€ (2)	5e
6. Ligue nationale contre le cancer	70,9 M€	6e
7. Croix-Rouge française	57,1 M€	9e
8. Institut Pasteur	56,7 M€	10e
9. Médecins sans frontières (MSF)	55,0 M€	7e
10. Unicef France	52,1 M€	7e
11. Association pour la recherche sur le cancer (ARC)	43,5 M€	12e
12. Handicap international	39,1 M€	11e
13. Association des paralysés de France (APF)	37,1 M€	13e
14. Fondation pour la recherche médicale	34,7 M€	14e
15. Comité catholique contre la faim et pour le développement (CCFD)	29,8 M€	15e
16. Médecins du monde	29,3 M€	17e
17. Secours populaire français	26,7 M€	16e
18. Fondation Abbé-Pierre	25,7 M€	19e
19. Institut Curie	25,0 M€	18e
20. SOS Villages d'enfants	20,2 M€	non classé
TOTAL :	**1 150,1 M€**	

(1) Y compris les fondations sous égide.
(2) Chiffres 2007/2008.

Source : comptes d'emploi des ressources publiés par les associations

compte d'abord sur la générosité des Français. » Ces arguments méritent d'être pris en compte. Mais ils ne remettent nullement en cause la pertinence du classement lui-même. Savoir qui, en France, récolte chaque année les dons les plus importants reste une information digne d'intérêt. Information qui permet de comparer les organismes entre eux, alors que beaucoup mettent en avant des chiffres globaux interdisant tout rapprochement. Et c'est peut-être cela qui dérange : cette vraie hiérarchie de la générosité, hors effet grossissant de la notoriété ou de la communication.

> **Méthodologie**
>
> Pour établir ce classement, la liste des 67 adhérents de France générosités a servi de vivier initial. Elle offre le double avantage de regrouper les plus grandes associations et fondations de l'Hexagone et de couvrir un vaste champ d'activité, de l'aide aux plus démunis à l'environnement en passant par l'humanitaire ou la recherche médicale. Les sommes collectées proviennent du compte d'emploi des ressources 2007 de chaque organisation.
>
> Les ressources issues directement de la générosité publique servent de point de départ. Elles comprennent les dons en argent, ainsi que les legs et donations effectués devant notaire, dans le cadre de successions. S'y ajoute, lorsqu'il existe, le produit de la vente de dons en nature : vêtements, mobilier, etc. Les sommes ainsi recueillies sont en effet le fruit indirect de la générosité des donateurs. Même chose pour le mécénat et les partenariats d'entreprise, telle la reversion à l'association d'une partie des bénéfices de la vente d'un produit. Distinguer le mécénat des ressources provenant des particuliers relèverait du casse-tête chinois, tant l'habitude d'additionner l'un et l'autre est répandue. Les responsables du secteur parlent d'ailleurs souvent de « générosité privée », agrégat cumulant la générosité issue des particuliers (générosité publique) et le mécénat d'entreprise.
>
> Les ventes enregistrées lors de manifestations dédiées à la cause (tombolas, lotos, etc.) sont également prises en compte. Elles ne constituent pas à proprement parler des dons, au sens où elles s'accompagnent de contreparties. Mais cet achat est avant tout motivé par la réalisation d'une « bonne action ». Quel intérêt y aurait-il, par exemple, à exclure du champ de l'étude les recettes des manifestations organisées partout en France à l'occasion du Téléthon ?
>
> Les autres ressources ne sont pas prises en compte, soit parce qu'elle n'ont aucun rapport avec la générosité – exemple : les subventions des pouvoirs publics –, soit parce que leur valorisation pose problème. C'est le cas des dons de nourriture effectués à la sortie des supermarchés. Non seulement, ils ne figurent pas dans les comptes de tous les organismes concernés mais, lorsque c'est le cas, la méthode utilisée pour déterminer leur valeur diffère de l'un à l'autre.

De fait, le « Top 20 » de la générosité présenté ci-contre bat en brèche quelques idées reçues. S'il est de loin le premier événement médiatique du genre en France, le Téléthon ne fait plus de l'Association française contre les myopathies (AFM) la championne de la collecte. Depuis 2007, ce titre revient à la Fondation de France, avec plus de 183 millions d'euros engrangés. Cette discrète entité fut créée en 1969 à l'initiative d'André Malraux, alors ministre de la Culture. Le célèbre écrivain souhaitait développer le mécénat en France. Il admirait le modèle américain, ses fondations nombreuses et puissantes intervenant dans de multiples domaines.

Mais ce modèle était difficile à importer : la France comptait peu de riches mécènes prêts à s'impliquer dans des causes humanitaires. Et le régime fiscal des fondations était peu incitatif. L'État créa donc une fondation à vocation générale, privée de subventions publiques et capable de recueillir les dons des particuliers, quel que soit leur montant. Ainsi naquit la Fondation de France. Elle intervient aujourd'hui dans la solidarité, l'aide à l'enfance, la recherche médicale, la culture ou l'environnement. Mais elle ne s'implique pas directement dans l'organisation des projets qu'elle finance : elle sert d'intermédiaire entre les donateurs et des associations, locales le plus souvent. Concrètement, son aide prend la forme de subventions, prix ou bourses accordés aux projets qui lui sont soumis. Le choix repose principalement sur leur solidité et leur utilité sociale.

L'organisme a une autre mission, devenue prépondérante au fil des ans : assister les – riches – donateurs et entreprises souhaitant créer leur propre fondation. On parle alors de « fondations placées sous l'égide de la Fondation de France », c'est-à-dire hébergées et gérées par elle, au moins au démarrage. L'organisme aide au montage juridique initial, sélectionne les projets et distribue les fonds pour le compte du mécène. Elle peut aussi collecter et redistribuer des dons en son nom. Cette activité est aujourd'hui dominante : elle représente plus des trois quarts des dons reçus par la Fondation de France et concerne environ 650 fondations sous égide. Une situation particulière qui explique sa place de numéro un.

Derrière l'organisme cher à Malraux, on retrouve l'AFM et son Téléthon, le Secours catholique puis une autre entité, plutôt discrète : la Fondation d'Auteuil. Il s'agit d'une œuvre d'Église dédiée aux jeunes en difficulté, plus connue sous son nom historique : Les orphelins apprentis d'Auteuil. Elle fut créée en 1866 par Louis Roussel, prêtre de son état. Elle s'orienta rapidement vers une mission éducative, via l'apprentissage de métiers manuels (cordonnerie, serrurerie, menuiserie, etc.). La Fondation a aujourd'hui beaucoup diversifié ses formations et ses bénéficiaires : elle exploite 170 centres répartis sur le territoire pour environ 10 000 jeunes confiés par leur famille ou placés par l'institution judiciaire. La plupart ne sont pas « orphelins » au sens où l'entendait jadis l'abbé Roussel : ils sont en échec scolaire et/ou subissent des difficultés familiales.

Comme d'autres organismes assurant des missions de formation – Croix-Rouge française notamment –, la Fondation d'Auteuil tire une part importante de ses ressources des pouvoirs publics : un peu plus de la moitié si l'on inclut les subventions et les sommes touchées au titre de l'Aide sociale à l'enfance. Cela ne l'empêche pas d'être le quatrième bénéficiaire de la générosité des Français. L'institution se distingue toutefois de ses semblables sur un point : près des trois quarts des sommes collectées proviennent de legs. Sa vocation éducative y est sans doute pour quelque chose. On imagine aisément ses anciens protégés repensant, au moment de rédiger leur testament, à l'aide dont ils ont bénéficié enfants.

Issu de la même mouvance, le Secours catholique est nettement plus récent : sa création remonte à 1946. Il se consacrait à l'origine aux victimes directes ou indirectes de la guerre : personnes mutilées, familles privées de logement, enfants abandonnés. Il s'attaque aujourd'hui à la pauvreté sous toutes ses formes, en France comme à l'étranger, et entend « faire rayonner partout la charité chrétienne ». Son site Internet propose à toute personne intéressée de télécharger ses comptes. Rompu aux quêtes et autres formes de collecte en espèces, le Secours catholique tire près des deux tiers de ses ressources de « dons manuels », comme la loi nomme les sommes accordées par les donateurs de leur vivant et sans intermédiaire. Même s'ils totalisent une bonne trentaine de millions d'euros, les legs et donations pèsent nettement moins lourd qu'à la Fondation d'Auteuil.

Des organismes connus, très présents dans les médias et constitués le plus souvent en association, occupent les places suivantes : Restaurants du cœur, Croix-Rouge française, Ligue nationale contre le cancer. Cette dernière collecte aujourd'hui nettement plus que l'Association pour la recherche sur le cancer (ARC), située en 11e position seulement : les séquelles de l'affaire révélée au grand public en 1993, et dont Jacques Crozemarie fut le principal protagoniste, ne sont pas encore totalement estompées.

Deux fondations à vocation médicale figurent également au classement : l'Institut Pasteur et l'Institut Curie. L'un et l'autre cumulent générosité privée, subventions d'État ou ressources hospitalières et ressources liées à la recherche (contrats ou redevances de brevets, par exemple). Dans les deux cas, ces autres sources de revenus dépassent largement les dons, les legs et le mécénat. Moins connue, la Fondation pour la recherche médicale pointe à la 14e place avec plus de 34 millions d'euros collectés. Ses ressources proviennent cette fois presque exclusivement de la générosité.

Citons enfin deux organismes dont le classement surprend, eu égard à leur notoriété et à l'étendue de leur action : le Secours populaire (17e) et la Fondation Abbé-Pierre (18e). S'ils sont moins bien classés que certains de leurs semblables tout aussi connus et aussi présents sur le terrain, c'est à cause de leur mode de fonctionnement. Le Secours populaire a toujours largement fait appel au bénévolat et aux dons en nature : nourriture, vêtements, matériel scolaire. L'association publie d'ailleurs chaque année un « bilan de solidarité matérielle » où ces apports, prépondérants dans son action, sont recensés et valorisés. L'édition 2007 évalue cette solidarité matérielle à 224 millions d'euros au total…

Quant à la Fondation Abbé-Pierre, elle constitue une partie seulement du mouvement Emmaüs en France. Sa branche la plus ancienne et la plus importante, ce sont les 115 communautés du même nom réparties sur le territoire. Leur principale activité est la récupération et la vente d'objets, assurée par 4 000 personnes venues de tous horizons et généralement elles-mêmes accueillies, au départ, comme simples demandeurs d'aide. Contrairement à la Fondation Abbé-Pierre, les communautés ne sollicitent aucun don d'argent. L'action du mouvement Emmaüs échappe donc en grande partie au circuit classique de recherche des donateurs, collecte de fonds et redistribution. À ces deux réserves près, le classement reflète assez fidèlement les priorités des Français : les organismes dédiés aux personnes en difficulté, à la santé ou à la recherche médicale y sont de loin les plus nombreux. Bilan : plus d'un milliard d'euros alloués aux 20 premiers collecteurs de dons de l'Hexagone, toutes tendances confondues.

L'autre enseignement de ce « Top 20 », c'est sa grande diversité : on y trouve des associations et des fondations, des entités anciennes fondées par des religieux et d'autres, récentes et ouvertement laïques. Le terme « caritatif » peine d'ailleurs à décrire une telle diversité. Il s'applique à merveille au Secours catholique, apparaît totalement « hors sujet » à propos de l'Institut Pasteur et ferait bondir les responsables des Restos du cœur.

Mais au fait, de quoi parle-t-on exactement ? Le Robert évoque une action caritative destinée à « aider les plus défavorisés », alors que le Larousse parle « d'aide matérielle et morale aux plus démunis ».

La seconde définition – celle du Larousse – est la plus précise. Elle rappelle que cette aide ne revêt pas seulement la forme de nourriture, d'argent ou de tout autre bien matériel mais, aussi, d'une écoute et d'un soutien par la parole. Les deux dictionnaires se rejoignent toutefois sur un point : dans le langage courant, « caritatif » est le plus souvent allié au terme « association », comme pour rappeler la dimension nécessairement collective de ce type d'action.

Les associations ou, plus généralement, les organismes caritatifs sont donc là pour porter assistance. C'est leur objet premier, leur raison d'être. Idéalement, leur action doit s'orienter vers ceux qui en ont le plus besoin. Ce devoir d'aide aux nécessiteux renvoie à une notion ancienne et très connotée, dont le terme « caritatif » tire d'ailleurs son origine : la charité. Pour les chrétiens, ce mot signifie en principe bien plus que l'obole accordée aux pauvres. Il désigne tout à la fois l'amour de Dieu et de son prochain. L'amalgame peut surprendre le profane mais il s'explique en fait assez facilement : Dieu ayant créé l'homme à son image, c'est lui que l'on vénère en aimant ses représentants ici-bas. Inversement, on ne peut prétendre aimer Dieu sans aimer l'humanité tout entière, puisque le créateur est présent en chacun de ses « fils ».

Voilà pourquoi le terme « charité », éminemment spirituel à l'origine, a peu à peu dévié vers un sens plus terre à terre. En faisant l'aumône à la sortie d'un lieu de culte, le mendiant ne demande rien d'autre que la concrétisation de cet amour universel vanté par les hommes d'église. Ce principe n'est d'ailleurs nullement spécifique au christianisme. L'aumône annuelle aux plus pauvres figure également parmi les piliers de l'islam, ces devoirs s'imposant à tous les musulmans. Là où les chrétiens se distinguent, c'est dans la multitude d'œuvres de bienfaisance, d'organismes, d'institutions directement pris en charge par le clergé séculier ou les ordres religieux.

Cette forte implication remonte aux débuts de l'ère chrétienne : nourrir les pauvres, leur fournir des vêtements, « aider ceux qui sont dans le malheur » figure déjà dans la Règle de Saint-Benoît, rédigée au VIe siècle. Ce texte fonde l'ordre bénédictin, considéré comme le plus ancien d'Occident. Quelques siècles plus tard, au Moyen Âge, les ordres religieux ont atteint leur apogée. Devenus riches et puissants, ils assurent la diffusion du savoir, via la copie des écrits. Leur mission d'assistance n'est pas escamotée pour autant. Ils en conserveront le quasi-monopole en France jusqu'à la Révolution. Leur implication se poursuivra d'ailleurs bien au-delà de 1789 : la République et ses hôpitaux publics auront encore recours aux religieuses en plein XXe siècle…

Cet héritage religieux imprègne toujours les acteurs du monde caritatif. Il est parfaitement assumé par les Britanniques, qui nomment leurs organismes *charities,* quelle que soit leur obédience. L'instance officielle chargée de leur contrôle s'appelle d'ailleurs la Charity commission. Dans d'autres régions du monde, des ordres religieux modernes, s'inspirant de leurs lointains prédécesseurs, œuvrent toujours contre la pauvreté. C'est le cas, par exemple, de la congrégation des Missionnaires de la charité, fondée en 1950 en Inde à Calcutta par une certaine Mère Teresa.

Les choses sont plus complexes dans l'Hexagone. Certains organismes reconnaissent ouvertement leur appartenance religieuse : c'est le cas du Secours catholique, directement rattaché à l'Église. L'association est organisée par diocèse et représente en France Caritas, confédération catholique internationale. La parenté spirituelle est moins évidente pour d'autres, telle la Fondation d'Auteuil. Œuvrant à l'origine pour les orphelins, elle se destine aujourd'hui plus généralement aux jeunes en difficulté. Son site Internet parle d'un projet éducatif « fondé sur l'Évangile ». Il indique que la Fondation est une œuvre d'Église rattachée au diocèse de Paris et placée sous la tutelle de la Congrégation du Saint-Esprit. Mais, jusque récemment, ces informations n'apparaissaient pas sur la page d'accueil...

D'autres organismes se veulent libres de toute autorité ou influence religieuse, bien que la personnalité de leurs fondateurs et leurs valeurs évoquent clairement le christianisme. Le mouvement Emmaüs en fait partie. Fondé par l'abbé Pierre en 1949, il tire son nom d'un lieu-dit proche de Jérusalem, cité dans les Évangiles. Dans son manifeste daté de 1969, le mouvement affirme clairement son indépendance. Il ne se dit « subordonné, dans la réalisation de sa tâche, à aucun autre idéal que celui exprimé dans le présent manifeste et à aucune autre autorité que celle constituée en son sein selon ses propres règles [...] ». Emmaüs accueille sans distinction croyants et non-croyants. Il exige simplement de ses « compagnons » l'adhésion aux principes communs. Certains passages du manifeste sont pourtant révélateurs. L'un d'eux évoque par exemple la « conviction que c'est en devenant sauveur des autres que l'on se sauve soi-même »... Un autre parle de l'« amour, qui seul [...] peut nous lier et nous faire avancer ensemble ». Si le terme « charité » est soigneusement évité, c'est bien de cela qu'il s'agit en réalité…

Difficile, donc, de définir le secteur caritatif sans faire référence aux religions. Les deux univers sont si imbriqués que même les responsables d'associations 100 % laïques les associent spontanément. La plupart le font par réaction, pour se démarquer des mouvements confessionnels. Mais certains sont plus ambigus. Ils décrivent d'abord leur action en termes de solidarité, d'intérêt général ou d'utilité sociale… puis glissent imperceptiblement vers un vocabulaire plus connoté, comme s'ils reprenaient à leur compte les préceptes des gens d'église. C'est le cas notamment du Secours populaire qui, il y a peu, associait sur son site Internet la solidarité née des combats ouvriers du XXe siècle et le souci de son prochain, hérité de la tradition chrétienne. Un mélange de valeurs qui, pour un mouvement créé par le Parti communiste français dans les années 1920 (voir chapitre 7), surprend…

Faut-il y voir l'omniprésence des croyants chez les décideurs du monde caritatif, toutes associations confondues ? Ou une résistance discrète à la laïcisation de la vie publique, plaie ouverte à la fin du XIXe siècle et jamais totalement refermée ? Difficile à dire… Pour le législateur au moins, les choses sont claires : pas question de faire référence, dans les textes, au catéchisme et à ses « bonnes œuvres ». Il faut être aussi neutre et rationnel que possible. Il en va des principes fondamentaux de la République mais aussi, plus simplement, de l'exhaustivité de la loi.

Le texte de référence, c'est la loi du 7 août 1991. Elle introduit et encadre la notion de « générosité publique ». Solliciter des dons dans la rue ou via les médias dans le cadre d'une campagne nationale, précise-t-elle, c'est faire appel à la générosité publique. En clair, c'est la générosité du public que désigne cette expression un peu ambiguë et non la manne distribuée par l'État ou les collectivités territoriales. Il peut s'agir d'aider les plus pauvres et les malades mais aussi de soutenir la recherche médicale, de défendre l'environnement ou même de participer à une action culturelle. En clair, le spectre est large et dépasse le seul domaine caritatif. Il englobe, par exemple, un souci très actuel et sans rapport direct avec l'aide aux déshérités : l'attention croissante portée aux causes planétaires, tel le changement climatique ou la préservation de la faune et de la flore.

La loi de 1991 oblige les organismes à déclarer en préfecture tout appel à la générosité, afin notamment d'en préciser les objectifs. Elle impose aussi l'établissement d'un « compte d'emploi annuel des ressources collectées auprès du public », indiquant l'affectation des dons par type de dépenses. Le but : s'assurer du bon usage des sommes recueillies. Malgré son caractère fondateur, le texte ne prévoit aucun recensement officiel des organismes auxquels il s'applique. Le législateur souhaitait surtout imposer la transparence financière, dans un secteur où le besoin s'en faisait cruellement sentir – le scandale de l'ARC, rappelons-le, date du début des années 1990. Résultat : le « Top 20 » détaillé au début de ce chapitre est une photographie instructive, mais incomplète. Et le nombre exact d'organismes collectant des dons en France, leur poids économique, leur budget global font encore aujourd'hui l'objet d'approximations. Dix-huit ans après l'émergence du concept de générosité publique…

L'Union nationale des organismes faisant appel aux générosités (Unofag), rebaptisée depuis « France générosités », fut bien créée en 1998. Mais c'est un syndicat créé par les organismes eux-mêmes, chargé notamment de défendre leurs intérêts auprès des pouvoirs publics. Et non de produire des statistiques officielles. Il aligne 67 associations et fondations adhérentes, qui comptent parmi les plus importantes de l'Hexagone, mais sont loin de constituer l'intégralité des collecteurs de dons. Pour cerner le monde de la générosité publique, il faut donc procéder par recoupements.

Côté nombre, les associations dominent largement le paysage. Elles représentent 80 % des adhérents de France générosités, contre 20 % pour les fondations. L'écart est plus important encore à l'échelon national : alors que l'observatoire de la Fondation de France dénombrait au total 1 443 fondations actives fin 2007, l'Hexagone compte environ 1,1 million d'associations. Leur nombre s'accroît d'environ 37 000 chaque année, preuve s'il en est du dynamisme du secteur associatif en France. Certes, une minorité d'entre elles seulement font appel à la générosité publique. La plupart ont une activité sportive, culturelle ou de loisirs, sans rapport avec les Restos du cœur ou Médecins du monde. Elles se financent soit par cotisations, soit en vendant leurs prestations. Mais, même en se limitant aux seules associations humanitaires ou caritatives, on obtient encore près de 41 000 organismes. C'est dire le poids écrasant du statut défini par la fameuse loi du 1er juillet 1901.

Que dit-elle, justement, cette loi ? D'abord que l'association est une convention, c'est-à-dire un contrat entre plusieurs personnes. Ces personnes choisissent de « mettre en commun leurs connaissances ou leur activité dans un but autre que de partager des bénéfices ». La définition est volontairement large et encadre surtout les motivations des créateurs ; en gros, ils peuvent poursuivre n'importe quel autre objectif que celui de s'enrichir. D'où l'expression « à but non lucratif », passée dans le langage courant et fréquemment accolée au vocable « association ».

Contrairement à une opinion répandue, une association peut fort bien exercer des activités commerciales. Elle peut organiser des manifestations payantes, vendre des tee-shirts, commercialiser des DVD. À une condition toutefois : ces activités doivent servir la réalisation de son but. Pas question, donc, de distribuer tout ou partie des bénéfices à ses membres, même si ceux-ci participent activement aux activités en question. L'argent doit demeurer dans l'association. Dans le même esprit, les seuls biens immobiliers qu'elle peut acquérir sont ceux utiles à son activité. La spéculation sur la vente d'immeubles – ou d'actions cotées en Bourse – est contraire à l'esprit de la loi.

Cette dimension collective et désintéressée est la marque de fabrique, l'essence même de l'association. Elle la distingue des autres organismes et, en particulier, des fondations. Car si ces dernières se consacrent, elles aussi, à des actions d'intérêt général à but non lucratif, leur acte fondateur n'est pas la mise en commun de compétences ou de bonnes volontés. C'est l'« affectation irrévocable de biens ou de ressources à la réalisation d'une œuvre ». Au commencement, donc, il y a une somme d'argent, un immeuble et ses loyers, des droits d'auteur, etc. Le propriétaire consacre ces biens – la dotation initiale de la fondation – à une cause qui lui tient à cœur. Et ce, de façon irrévocable. Il peut le faire de son vivant ou après son décès, par voie testamentaire. Voilà pourquoi de nombreuses fondations portent le nom de leur créateur : souhaitant, par exemple, que son œuvre ou son combat se perpétue après sa mort, celui-ci y consacre tout ou partie de ses richesses.

La Fondation Abbé-Pierre fut ainsi créée en 1988. Ses comptes mentionnent une dotation statutaire initiale de 3,3 millions d'euros. Elle n'est que l'une des branches du mouvement Emmaüs né, on l'a vu, à la fin des années 1940. Son rôle : agir pour le logement des personnes démunies, via l'accueil (pensions de famille et Boutiques Solidarité), le financement de projets de construction ou la réhabilitation de l'habitat. L'action de la Fondation complète celle des célèbres communautés d'Emmaüs ou, encore, de l'association Emmaüs. Comme cette dernière, elle peut embaucher des salariés, faire travailler des bénévoles, recevoir des dons. Illustration : les ressources globales de la Fondation atteignaient 30,1 millions d'euros en 2007, bien plus que les revenus tirés de sa dotation initiale.

Par son nom et ses statuts, l'instance reste intimement liée à son fondateur disparu en 2007. Dans ses prises de parole, dans la façon dont elle interpelle l'opinion ou les pouvoirs publics – elle publie chaque année un rapport sur l'état du mal-logement en France –, c'est bien la pensée et les idées de l'abbé Pierre qu'elle est censée perpétuer. Et même si toutes les fondations ne mettent pas aussi directement en avant leur créateur, elles restent un outil privilégié pour ceux qui souhaitent « maintenir le cap » de leur engagement initial. Elles permettent d'éviter les pertes de contrôle et virages stratégiques propres aux associations. Au moins du vivant du fondateur…

Associations omniprésentes, de toutes tailles et de toutes obédiences, fondations plus rares mais souvent illustres, le monde de la générosité publique reste difficile à appréhender. Statistiques officielles et enquêtes font cruellement défaut. Pas étonnant, dès lors, que son poids économique soit si mal connu. Pour tenter de l'approcher, c'est vers l'Association pour le développement de la documentation sur l'économie sociale (Addes) qu'il convient de se tourner. Ce groupe de chercheurs et d'universitaires bénévoles, soutenu par le Crédit coopératif, organise des colloques et finance certains travaux. Il milite pour une meilleure connaissance de l'« économie sociale », vaste ensemble comprenant les associations et fondations mais, aussi, les entreprises mutualistes, les coopératives ou… les églises. Et une publication récente de l'Addes vise justement à mieux cerner le secteur associatif.

Viviane Tchernonog, son auteur, est chargée de recherche au Centre national de la recherche scientifique (CNRS). Son enquête s'est appuyée sur plus de 1 700 mairies et, à travers elles, un échantillon de près de 13 000 associations. Le décompte global de 1,1 million d'associations, cité plus haut, en est directement issu. L'étude ne se contente pas de recenser les associations. Elle aborde également la question de leur financement. Le secteur associatif français gérait ainsi en 2006 un budget cumulé d'environ… 59,4 milliards d'euros. Ce montant englobe les dépenses courantes mais exclut les investissements, dépenses exceptionnelles et apports en nature (le prêt gracieux d'une salle, par exemple, pour exercer leur activité). Tel quel, il équivaut déjà au poste « Enseignement scolaire » du budget général de l'État pour 2008 !

Recettes d'activité, subventions publiques et cotisations sont les trois premières sources de revenu des associations. Cette hiérarchie traduit le poids dominant des organisations sportives ou culturelles, habituées à vendre leurs prestations (recettes), mettre leurs membres à contribution (cotisations) et/ou solliciter les pouvoirs publics (subventions). Les dons et le mécénat, quant à eux, arrivent en quatrième position. Ils représentent 2,9 milliards d'euros au total. Viviane Tchernonog y inclut les dons des particuliers, les sommes allouées par les entreprises (mécénat) et les dons collectés par les fondations. Le chiffre constitue à ce jour la meilleure évaluation disponible de la générosité des Français.

France générosités, de son côté, publie le budget de fonctionnement global de ses adhérents : il s'élevait à 4,3 milliards d'euros en 2007. Un gros tiers, soit 1,5 milliard d'euros, provient de la générosité publique et du mécénat. Ces données ne traduisent que partiellement la réalité du secteur : l'adhésion au syndicat est volontaire et la liste de ses membres comprend 67 associations et fondations en tout et pour tout. Toutefois, il s'agit là des plus importantes et des plus célèbres, de l'Association française contre les myopathies (AFM) au World wildlife fund (WWF), en passant par le Secours populaire et Handicap international. « Nos adhérents sont les principaux collecteurs de dons de l'Hexagone », se réjouit André Hochberg, président de France générosités. L'homme est lui-même issu du sérail : il fut pendant cinq ans responsable de la collecte et de la communication au Secours populaire français. Interrogé sur la représentativité de son syndicat, il ne peut, lui non plus, fournir de chiffres précis. Il se contente d'estimer le montant global de la générosité, plus proche selon lui des 5 milliards d'euros que des 2,9 milliards évoqués par Vivianne Tchernonog.

André Hochberg a, il est vrai, d'autres priorités que la production de statistiques. L'une des missions de son syndicat est d'inciter les Français à donner davantage et plus souvent qu'ils ne le font actuellement. « Le rôle de l'État a toujours été important chez nous, et nous ne souhaitons pas qu'il se désengage de ses missions de solidarité, plaide le responsable. Mais les besoins se sont beaucoup accrus ces dernières années et l'on ne peut pas éternellement se reposer sur les pouvoirs publics. Les citoyens doivent se prendre en main, s'impliquer davantage. Nous pouvons faire plus pour la cohésion sociale de ce pays. » Pas sûr qu'un tel message soit accueilli avec le sourire, à l'heure où les difficultés économiques s'accumulent et pèsent sur le pouvoir d'achat... D'autant qu'au rayon générosité les Français n'ont pas à rougir de leurs « performances ».

Dans un sondage d'avril 2009 sur l'image des associations qu'il représente, France générosités relève 53 % de donateurs parmi les personnes interrogées. Parmi eux, 38 % donnent régulièrement, c'est-à-dire au moins une fois par an. Un autre sondage réalisé par la Fondation de France révèle que 39 % des Français effectuent des dons en argent (enquête réalisée en mai 2008). Les sources divergent sur le montant moyen de ces dons mais on sait qu'il se situe aux alentours de 100 euros par personne et par an. L'effort est donc significatif...

Sur une longue période, la générosité de Français ne se dément pas. La collecte progresse régulièrement et son montant total a doublé entre 1995 et 2006 selon le Centre d'étude et de recherche sur la philanthropie (CerPhi). L'afflux de dons enregistré fin 2005 au moment du tsunami sud-asiatique, estimé entre 300 et 350 millions d'euros, fut, certes de courte durée, mais il n'a pas occasionné de contrecoup : 2006 fut nettement meilleure que 2004 pour le secteur caritatif.

Et l'Europe dans tout ça ? Là encore, les comparaisons n'ont rien de déshonorant pour l'Hexagone. Les chiffres disponibles datent un peu, puisqu'ils remontent à 2003. Ils proviennent d'une enquête menée conjointement en France, en Grande-Bretagne et en Allemagne pour la Fondation de France. Avec 24 % de donateurs en argent, l'Hexagone se situe ainsi à mi-chemin entre ses deux voisins. Leur pourcentage passe en effet à 33 % outre-Rhin et tombe à 17 % outre-Manche. Certes, ces données ne tiennent pas compte de toutes les formes de dons. La Grande-Bretagne se caractérise ainsi par une longue tradition de collecte en espèces, dans des lieux publics, le plus souvent sous forme de petite monnaie. Si l'on inclut cette tradition dans les chiffres, les Britanniques sont de loin les plus nombreux à donner. Mais les sommes collectées par ce biais sont peu élevées. Et l'habitude, solidement ancrée chez nous, du don de fin d'année par chèque s'avère au final tout aussi « productive ». Sans oublier une autre pratique très française : le don en nature sous forme de nourriture. Quantifier cette pratique et la transcrire en espèces sonnantes et trébuchantes améliorerait le « score » de nos compatriotes.

La question n'est donc pas tant de savoir si les Français sont généreux mais comment, et en faveur de qui, se manifeste leur générosité. La pratique la plus courante, pour 26 % des personnes interrogées pour la Fondation de France, est le don par chèque. Loin de céder du terrain, elle progresse régulièrement depuis quelques années, au détriment du don en espèces. Il y aurait, nous expliquent les spécialistes, une « perte de confiance à l'égard du don de la main à la main, tant en raison de l'usage qui en sera fait (réseaux organisés de mendicité) que de son efficacité (la mendicité et les personnes SDF sont toujours aussi visibles dans les grandes agglomérations) ». En d'autres termes, les organismes spécialisés dans la lutte contre la pauvreté inspireraient davantage confiance qu'une aide directe, aléatoire et ponctuelle par nature. Ils seraient perçus comme la façon la plus sûre de manifester sa solidarité, sans doutes ni regrets ultérieurs.

Cette hypothèse est confirmée par les sondages sur l'image des organismes. Celui d'avril 2008, effectué pour France générosités, indique que 82 % des donateurs leur font « tout à fait confiance ». Ils n'étaient que 71 % en 2005… Et si d'autres sources plus neutres que France générosités tempèrent ce bel optimisme, le climat général demeure favorable. À tort ou à raison, donner aux Restos du cœur ou au Secours catholique est plus rassurant que de répondre aux sollicitations directes des déshérités.

Quant à savoir quelles causes préfèrent soutenir les Français, la hiérarchie évolue peu depuis une dizaine d'années (voir le classement ci-contre). L'aide aux personnes en difficulté arrive toujours largement en tête (63 % de donateurs), devant la santé (37 %), la recherche (30 %) et l'aide au développement (21 %). L'aide directe de la main à la main, avec 17 % de donateurs, arrive juste derrière mais a cédé trois places en une dizaine d'années. Viennent enfin les églises ou congrégations religieuses (14 %) et l'éducation (11 %). De plus en plus prise au sérieux, la défense de l'environnement reste néanmoins loin des causes sociales ou humanitaires, avec 5 % de donateurs seulement.

Si l'on se décide à donner, c'est d'abord par fidélité à un organisme déjà soutenu dans le passé. Cette fidélité, revendiquée par un bon tiers des Français, est le premier déclencheur du don. Il en va tout autrement des grandes campagnes médiatiques de type Téléthon ou Sidaction. Jadis, c'est-à-dire en 2002, elles arrivaient largement en tête et servaient de catalyseur dans 41 % des cas. Le chiffre n'a cessé de reculer depuis pour atteindre 33 % aujourd'hui. L'action des associations concernées et la confiance qu'elles inspirent ne semblent pas en cause. Les Français manifestent simplement une certaine lassitude à l'égard des injonctions extérieures et collectives. Ils agissent de manière plus réfléchie, reprenant peu à peu le contrôle de leur générosité. La preuve ? Ils sont de plus en plus nombreux – 22 % lors de la

Les causes préférées des Français

Répartition des donateurs selon le domaine d'intervention soutenu	Chiffres 2008
Aide aux personnes en difficulté, services sociaux :	63 %
Santé :	37 %
Recherche, recherche médicale :	30 %
Aide au tiers-monde, aide au développement :	21 %
Aide directe à une personne, sans passer par une organisation :	17 %
Aide à une église, à une congrégation religieuse :	14 %
Education, école :	11 %
Aide à une association professionnelle, à un syndicat :	9 %
Aide aux victimes de guerre, conflits, catastrophes naturelles :	8 %
Animation de quartier, développement local :	8 %
Sports, loisirs :	6 %
Défense des droits de l'homme, des droits et devoirs civiques :	5 %
Environnement :	5 %
Culture :	4 %
Aide aux animaux :	3 %
Logement :	1 %

Source : Fondation de France – baromètre de la générosité en France.
N.B. : plusieurs réponses étant possibles, le total dépasse 100 %.

dernière vague d'enquête – à soutenir un organisme spontanément, sans sollicitation particulière de sa part.

De là à déduire que la forme prise au fil du temps par les grands événements médiatiques en question, leurs excès, la culpabilisation systématique des téléspectateurs favorisent une telle lassitude, il n'y a qu'un pas… difficile à franchir autrement que par des hypothèses. Un point semble certain : les Français sont moins disposés que naguère à donner sous le coup de l'émotion. Et cette maturité nouvelle ne restera pas sans conséquences. Tant sur le choix des organismes qu'ils souhaitent aider que sur leurs exigences en matière d'information et de transparence. Les bénéficiaires de la générosité publique ne peuvent plus l'ignorer.

Chapitre 3

À LA CHASSE AU RIB

« ONG Conseil, bonjour !

– Bonjour, je souhaiterais des renseignements sur les emplois que vous proposez…

– Pas de problème, monsieur. Comment nous avez-vous connus ?

– J'ai rencontré l'une de vos employées, il y a quelques semaines, dans la rue. Elle voulait me faire signer pour la Croix-Rouge. On a pas mal discuté et son job m'a intéressé. Il se trouve que j'ai besoin de travailler en ce moment. Et si je peux en même temps servir une cause utile… »

ONG Conseil n'a rien d'une association caritative. C'est une société anonyme à responsabilité limitée (SARL) créée en 2004 par deux anciens membres de Greenpeace. Elle vend ses services aux acteurs du monde humanitaire et caritatif, comme une agence de conseil facturerait ses prestations à des entreprises privées. À ce jour, 17 organisations se sont laissé convaincre. La plupart ont pignon sur rue : Ligue nationale contre le cancer, Aides, Croix-Rouge française, Médecins du monde, Handicap international, WWF, Action contre la faim, Les amis de la Terre, etc.

ONG Conseil embauche, forme et rémunère en leur nom ce qu'elle appelle des « recruteurs de donateurs ». Leur mission : investir des lieux très fréquentés et aller au contact des passants pour les convaincre d'effectuer un don régulier et automatique, par prélèvement bancaire. Cette démarche a prouvé son efficacité. Elle permet non seulement aux associations d'accroître rapidement le nombre de leurs sympathisants mais, aussi, de bénéficier de revenus sûrs et réguliers. Enfin, elle draine des donateurs au profil particulier : plus jeunes que ceux des campagnes de sollicitation classiques par voie postale ou via des actions dans les médias, ils apportent souvent là leur premier soutien financier significatif. Un public fort intéressant, donc… Et une mine pour ONG Conseil, parvenu en cinq ans à imposer en France ce que les Anglo-Saxons nomment le *street fundraising* : la collecte de fonds dans la rue.

Problème : ces campagnes exigent une présence nombreuse et continue sur le terrain. Elles sont donc nécessairement coûteuses pour les associations. De plus, l'activité d'ONG Conseil a peu à voir avec les collectes classiques effectuées par des bénévoles[1]. Elle suppose des méthodes d'approche professionnelles, des techniques de persuasion dignes d'une entreprise de démarchage à domicile. Autant de méthodes souvent contestables… Après réflexion, je dois me rendre à l'évidence : la meilleure façon d'en apprendre davantage est d'endosser les habits d'un recruteur de donateurs. Le coup de téléphone du jour a donc un seul et unique objectif : tenter de me faire embaucher par ONG Conseil.

« Connaissez-vous les associations pour lesquelles nous travaillons ? me demande la jeune femme à l'autre bout du fil.

(1) Exemple : la quête nationale annuelle de la Croix-Rouge. Elle a lieu chaque année au printemps, pendant tout un week-end. ONG Conseil n'intervient nullement dans son organisation.

– Quelques-unes, oui...

– L'une d'elles vous intéresse-t-elle plus particulièrement ?

– Eh bien ! la Croix-Rouge, par exemple. Je sais qu'ils interviennent dans des domaines très variés.

– Et sur quelle ville voulez-vous travailler ?

– Paris.

– Vous tombez bien, nous avons justement une mission pour la Croix-Rouge qui démarre début avril. Êtes-vous libre mardi 25 à 15 h ? »

Nous sommes alors vendredi. Les événements vont plus vite que je ne l'espérais. À l'évidence, ONG Conseil ne néglige aucune candidature spontanée.

« Euh ! écoutez, il faut que je vérifie...

– Ce serait bien que vous puissiez venir. Il nous reste quelques jours à peine avant le début de la mission.

– Bon, dans ce cas, je vais tâcher de me libérer.

– Génial ! Il faut amener un CV et une photo récente. Le rendez-vous dure une demi-heure. Vous serez embauché en CDD à 10 euros bruts de l'heure + congés payés et prime de précarité. Vous travaillerez en équipe de 11 h à 19 h, à temps partiel ou 35 heures par semaine. C'est vous qui choisissez. Est-ce que ça vous convient ?

– Euh... oui, oui.

– Alors, il me faudrait votre nom et votre numéro de téléphone. »

Je fournis les renseignements demandés, surpris du côté expéditif de l'entretien.

« Très bien, Marc. C'est Clément que vous rencontrerez mardi. »

Je raccroche avec la sensation inhabituelle d'avoir, non pas sollicité un emploi mais rendu service à un employeur en mal de personnel. C'est donc relativement détendu que je me rends au rendez-vous quelques jours plus tard. Il est fixé dans une brasserie du quartier des Halles, à Paris. Nous sommes à quelques dizaines de mètres à peine du lieu où j'avais rencontré la recruteuse de rue d'ONG Conseil, en janvier. En entrant, je croise le regard d'une femme brune d'environ 25 ans, adossée au fond de la salle. Elle semble lasse et affiche une certaine nonchalance. Je me risque à l'aborder.

« L'entretien de recrutement, c'est bien ici ?

– La personne n'est pas encore là. Vous n'avez qu'à patienter au bar », me répond-elle, légèrement excédée.

Plus affable, le barman se dirige aussitôt vers moi, un sourire aux lèvres. « Qu'est-ce que je vous sers ? » interroge-t-il. Je lui demande un thé, qu'il s'empresse de préparer sous mes yeux. J'en suis à peine à la troisième gorgée, lorsqu'un homme pénètre vivement dans la brasserie, son portable vissé à l'oreille.

« C'est lui, il va venir vous voir », me dit la jeune femme brune avant d'accoster le nouveau venu et de lui indiquer ma présence à mi-voix. Il achève sa conversation téléphonique, puis vient à ma rencontre.

« Bonjour, Clément ! s'annonce-t-il en me tendant la main. C'est Marc, c'est ça ?

– Oui, c'est ça. Bonjour !

– On va monter à l'étage. On sera plus tranquilles. »

Je le suis comme je peux, ma théière dans une main, la tasse et la soucoupe dans l'autre. Nous nous installons à l'écart, sur une table inoccupée. À cette heure de la journée, les consommateurs sont peu nombreux.

« Bon, alors, Marc, tu es d'accord pour qu'on se tutoie ? démarre mon interlocuteur.

– Pas de problème, Clément.

– C'est cool ! »

Il est de taille moyenne et approche la trentaine. Ses cheveux bruns sont coupés court et sa barbe, relativement courte elle aussi, se prolonge par un bouc qu'il flatte de temps à autre. Il est plutôt sympathique et fait de visibles efforts pour me mettre à l'aise. Écharpe noire et vêtements amples lui donnent un air décontracté, conforme à ce que j'imaginais d'un salarié du secteur « humanitaire ».

« Alors, tu nous as connus dans la rue, c'est ça ?

– Oui, via une recruteuse de donateurs.

– Et elle t'a convaincu ?

– De signer ? Non. Mais elle m'a appris des choses sur son job et sur la Croix-Rouge.

– Parle-moi de ton parcours. Je veux savoir pourquoi tu t'adresses à nous aujourd'hui. »

Je choisis à ce stade de révéler mon vrai métier et de recourir à de fausses informations uniquement lorsque c'est indispensable. Je serai ainsi plus à l'aise et, je l'espère, plus crédible. Je me vois mal réciter une histoire cousue de fil blanc de bout en bout... Cette stratégie comporte toutefois un risque : éveiller les soupçons de mon interlocuteur. Que vient faire ce journaliste de dix ans son aîné chez ONG Conseil, alors que l'entreprise embauche surtout des étudiants, intermittents du spectacle et jeunes provinciaux « montés » à Paris pour y tenter leur chance ? N'ai-je pas une idée derrière la tête ? Je tente de le rassurer en invoquant mes activités – réelles – dans la presse professionnelle, très éloignées du secteur caritatif. Côté motivations, j'improvise un alibi économique.

« Ben, pour être franc, deux des journaux pour lesquels je travaillais m'ont fait faux bond. La presse, c'est pas vraiment la joie en ce moment... Et tant qu'à changer de secteur, je préfère aller vers le social ou l'humanitaire. »

Ces considérations matérielles et le côté plutôt « timide » de mon engagement n'ont pas l'air de lui poser problème, bien au contraire. Il doit être habitué à voir les candidats surjouer leur motivation et jurer, la main sur le cœur, vouloir tout faire pour éradiquer la misère. Un point pour moi ! Par acquis de conscience, il me demande tout de même si j'effectue des dons réguliers à des associations. Mais ma réponse l'intéresse, semble-t-il, modérément.

« Bon, eh bien ! je vais me présenter moi aussi », enchaîne soudain Clément.

Suit un long monologue où le jeune homme décline d'abord sa fonction de responsable de programme. Il m'explique qu'ONG Conseil a le statut d'entreprise privée mais conserve l'« esprit d'une association ». Il insiste enfin sur la mission des recruteurs de donateurs : le contact direct et personnalisé avec le public. L'objectif, selon lui, n'est pas seulement de collecter des fonds mais aussi de trouver des sympathisants actifs que l'association pourra mobiliser pour mener des actions de masse ou faire pression sur les autorités.

Détail crucial à ses yeux : pour le passant lambda, le recruteur est le porte-drapeau de l'association. Il n'affiche nullement le nom de son véritable employeur. La fonction s'accompagne de certaines obligations, parmi lesquelles une attitude irréprochable à l'égard des personnes abordées. « Nous ne sommes pas là pour raconter n'importe quoi aux gens ou leur forcer la main, insiste Clément. Je préfère un recruteur qui trouve trois donateurs par jour mais représente correctement l'asso, plutôt que quelqu'un qui fait signer dix bulletins de soutien avec de mauvais arguments. »

Le discours est séduisant mais sent un peu la manipulation... J'insiste auprès de mon interlocuteur et lui demande si je devrai récolter chaque jour un nombre minimum de signatures.

« Non, mais la moyenne est de cinq par personne et par jour, me répond-il.

– Et plus on ramène de donateurs mieux on est payé, c'est ça ?

– Certainement pas ! On n'est pas en Angleterre. Là-bas, c'est devenu n'importe quoi. Les recruteurs sont « à la com' », prêts à tout pour faire du chiffre. Certains se baladent avec quatre logos différents sur leur blouson pour être sûrs d'émouvoir les passants ! »

Pas du tout désarçonné par ma question, Clément décline un à un ses arguments. ONG Conseil a une éthique, ce n'est pas une entreprise comme les autres, ses fondateurs sont eux-mêmes issus du milieu associatif. « À quoi bon défendre des causes nobles si l'on n'est pas nous-mêmes irréprochables ? » plaide-t-il avec assurance. Puis il reprend le cours de l'entretien en m'indiquant qu'une mission de rue exige, entre autres qualités, un certain dynamisme et un moral d'acier. Il faut pouvoir encaisser plusieurs centaines de refus quotidiens sans se départir de son enthousiasme, « s'ouvrir totalement aux quelques personnes réceptives que tu rencontres, faire en sorte qu'elles se sentent considérées, touchées par ton sourire intérieur, aimées ». Tout un programme !

« Oui, je vois très bien ce que tu veux dire, interviens-je. J'ai fait des enquêtes de rue quand j'étais étudiant et c'est vrai qu'il faut beaucoup d'énergie.

– Ah ! bon ? C'est intéressant, ça. Eh bien ! on va voir ce que ça donne. On va faire comme si nous étions dans la rue : tu dois me convaincre de donner pour la Croix-Rouge. »

Le jeu de rôle commence. Je ne suis pas très sûr de moi. Je tente de me rappeler les paroles entendues quelques semaines plus tôt, lorsque j'étais dans la situation du donateur potentiel. J'insiste sur la diversité des missions de la Croix-Rouge, l'aide aux sans-abri, les épiceries sociales destinées aux plus démunis. « L'humanitaire sans argent, ce n'est pas grand-chose, m'avouait Clément un peu plus tôt. Il y a des tas de gens très compétents dans les associations, qui attendent un financement pour concrétiser leur projet. C'est pour eux que tu vas bosser. » Je reprends ses arguments pour justifier le prélèvement bancaire, étape délicate de l'entretien, j'en suis conscient.

Face à moi, mon interlocuteur joue les étudiants « fauchés ». Il n'est pas sûr de pouvoir s'engager sur une somme mensuelle, si modique soit-elle. Il préfère verser ponctuellement sur Internet. Volontairement, je lui réponds qu'il n'est pas obligé de se décider tout de suite, qu'il peut réfléchir et se renseigner plus précisément sur le site de la Croix-Rouge. La remarque n'est pas destinée à convaincre « l'étudiant » mais à tester le responsable d'ONG Conseil.

« Bon, on va s'arrêter là, intervient-il. C'est pas mal mais, dans la pratique, il n'y a pas de délai de réflexion. Tu dois faire signer les gens tout de suite. Ils ont bien compris qu'on est là pour leur demander de l'argent. Pas besoin de tergiverser en leur parlant de renseignements complémentaires, de visite du site, etc. Mais tu ne pouvais pas savoir… »

Voilà déjà qui contredit les beaux principes énoncés plus tôt. L'insistance de la recruteuse rencontrée au mois de janvier précédent, je le comprends, n'était pas le fruit du hasard.

« Dis-moi, Marc, es-tu disponible tout de suite ?

– Euh… en principe, oui. Il faut juste que je m'organise.

– Si on retient ta candidature, ta formation démarrera mardi prochain. Elle dure deux jours. C'est très important d'y assister.

Voilà, il me reste à te remercier. Tu auras une réponse dans quelques jours par téléphone, qu'elle soit positive ou négative. Je te donne aussi ça, tu pourras te plaindre si je t'ai agressé ! »

Clément me tend une feuille de papier précisant qu'ONG Conseil est « soucieux de l'accueil réservé aux postulants et du respect qui leur est accordé ». Suit une adresse e-mail où envoyer mes remarques si l'entretien s'était mal déroulé. Je n'ai guère à me plaindre de mon interlocuteur. En revanche, je reste partagé sur le résultat de l'entretien. Je pense ne pas avoir suffisamment insisté sur ma motivation, ma capacité à résister aux refus sur le terrain. Je crains également de ne pas correspondre au profil recherché. En clair, je me suis pris au jeu et réagis désormais comme un véritable candidat à l'embauche ! Candidat qui redoute l'échec, séduit par le discours parfaitement rodé d'ONG Conseil. « Si ça ne donne rien, j'aurai au moins glané quelques informations et pris la température », me dis-je en guise de conclusion.

Le lundi suivant, la sonnerie de mon téléphone portable retentit en milieu d'après-midi. Le numéro qui s'affiche à l'écran m'est inconnu.

« Bonjour, vous êtes bien Marc ? interroge une voix féminine.

– Oui…

– Je vous rappelle suite à votre entretien pour la Croix-Rouge. Vous avez été retenu. La formation commence demain matin, à 10 h. Il faudrait que vous veniez au siège de la Croix-Rouge, rue Didot, dans le 14e. »

Une fois de plus, les choses vont vite. Il est 16 h 30 et je ne m'attendais pas à devoir me rendre disponible aussi rapidement. J'avais visiblement sous-estimé mes chances !

« Pensez à emmener de quoi noter, un RIB (Relevé d'identité bancaire), votre numéro de Sécurité sociale et un grand sac, poursuit la voix, toujours aussi expéditive. Ah ! oui, il me faudrait votre taille aussi…

– Combien je mesure, vous voulez dire ?

– Non, votre taille de vêtement : S, M, L ou XL. C'est pour le blouson qu'on vous remettra demain.

– Ah ! d'accord. Eh bien, disons XL.

– C'est noté. À demain ! »

Le lendemain matin, je me rends à l'adresse indiquée. Dans la précipitation, j'oublie un déjeuner de presse prévu de longue date à la Grande Arche, dans le quartier de la Défense. L'événement me vaudra une explication houleuse avec l'un de mes rédacteurs en chef… La Croix-Rouge a élu domicile dans d'anciens bâtiments de l'hôpital Broussais, à Paris. Les lieux sont vastes, agréables et « design ». L'accueil est situé dans l'ex-pavillon de médecine, un immeuble en brique des années 1930, élégamment rénové. La cour intérieure a conservé ses arbres, et des coursives métalliques, imaginées par l'architecte, relient les bâtiments entre eux. L'opération semble avoir mobilisé des fonds importants qui proviennent, je l'apprendrai plus tard, de la vente du siège historique de l'association, situé dans le très chic 8e arrondissement.

À l'accueil, on m'indique le bâtiment et la salle où a lieu la formation. J'y entre quelques instants plus tard, essoufflé par le long trajet accompli au pas de charge depuis la station de métro. Nous sommes huit à l'intérieur. L'atmosphère est silencieuse, presque studieuse. Tout le monde semble attendre. La moyenne d'âge de mes futurs compagnons d'équipe ne doit pas dépasser 25 ans. Je suis visiblement le plus âgé. Ma voisine, étudiante en biologie, profite de ce temps mort pour remplir un dossier destiné à l'administration de sa faculté.

C'est alors que Clément fait son entrée, avec un bon quart d'heure de retard. Il est le même qu'une semaine plus tôt, détendu, mais toujours un brin « accro » au téléphone portable. Après s'être excusé de son retard en rejetant la faute sur le taxi qui l'amenait jusqu'à nous, il nous souhaite la bienvenue à sa manière. « Je vous envie tous, déclare-t-il. Vous partez pour un mois d'aventure et je vous envie. Nous, nous ne faisons plus de rue et ça nous manque ! »

Le tour de table qui suit est un grand classique des sessions de formation : chacun doit s'y présenter et résumer son parcours en quelques mots. Il y a parmi nous deux étudiantes, deux jeunes provinciaux venus chercher du travail à Paris, un fils de diplomate africain froissé avec son père resté au pays et, enfin, Clara, la plus expérimentée du groupe. Elle a déjà effectué une mission pour l'association Aides et en parle avec flamme. « J'ai été transformée, nous dit-elle. Il ne faut jamais oublier pourquoi on est là, le soutien que l'on apporte à l'asso. C'est difficile à cause des refus mais, humainement, c'est très fort. Les gens réagissent tous différemment, il y a zéro routine. » Le reste du groupe est plus mesuré. On sent que tous ont besoin de travailler, même s'ils s'avouent sensibles aux actions menées par la Croix-Rouge.

Sylvain, notre responsable d'équipe, se présente alors. Il était assis parmi nous incognito depuis le début de la séance. Il décline les missions auxquelles il a participé en tant que simple recruteur, avant de devenir « R.E. » – responsable d'équipe –, il y a quelques semaines. Il se dit très calme et plutôt introverti la plupart du temps, mais se révèle, paraît-il, dans la rue, où il aime passer le plus clair de son temps. Vient enfin le tour de Clément. Nous l'avons tous déjà rencontré mais il tient à jouer le jeu et prononce lui aussi quelques mots sur sa carrière. Il a 27 ans et, sitôt ses études terminées, a travaillé dans une entreprise classique. L'activité ne l'intéressant que très modérément, il avoue avoir « tout fait pour se faire virer ». Objectif : prendre quelques mois sabbatiques aux frais des Assedic. Pas vraiment glorieux, surtout lorsqu'on revendique haut et fort une certaine « éthique »...

Atterri à Barcelone, Clément profite sans retenue de tout ce que la ville peut offrir. Puis un incident stupide intervient : il casse sa carte bancaire et se retrouve du jour au lendemain sans aucun moyen de subsistance. Une période de « galère » commence. D'hébergements chez des amis en foyers pour sans-abri – où l'on dort « avec ses chaussures dans les bras pour être sûr de les retrouver le matin » –, il finit comme beaucoup par se retrouver dans la rue. Il sera assez vite pris en charge par une association qui, jugeant sans doute son cas nettement moins désespéré que d'autres, l'héberge, le nourrit et l'aide à rentrer en France.

L'histoire semble quelque peu romancée, voire totalement inventée. Elle impressionne visiblement l'assistance, qui reste coite. Clément se dit marqué par cette expérience et nous affirme que son entrée chez ONG Conseil, vieille de deux ans environ, en est la conséquence directe. « Je ne me voyais pas reprendre ma vie d'avant, avoue-t-il. On m'a aidé à m'en sortir et j'ai senti qu'il fallait aider les autres à mon tour. » En tribun habile, il enchaîne aussitôt sur notre mission, son utilité et le plaisir mêlé de fierté qui doit nous animer. « Je vous souhaite de connaître cette sensation géniale ressentie par chacun de nous en mission, au moment de recompter les bulletins signés dans la journée, plaide-t-il. On se dit « ah ! oui, quand même, c'est pas mal ! » et on a l'impression de planer au-dessus du sol. Cette sensation est votre unique motivation, c'est elle qui doit vous faire avancer. Car le nombre de bulletins signés ne change rien à votre salaire... mais change tout pour l'asso. Notre but, ne l'oubliez jamais, est de lui apporter le plus de donateurs possible. Sans ressources régulières, elle ne pourra pas aider des gens comme moi ou comme vous, le moment venu. »

Au passage, le jeune responsable de programme nous fournit une information essentielle : en moyenne, une personne qui signe et ne se désiste pas dans la foulée maintient son prélèvement bancaire pendant… cinq ans ! C'est l'une des clés du marketing de rue : une fois recruté, le donateur s'avère très fidèle. Même s'il n'adhère plus tout à fait aux valeurs de l'association, l'effort requis pour retrouver les coordonnées de l'association, joindre la bonne personne et mettre fin au prélèvement le dissuade la plupart du temps.

« La rentabilité d'une mission de rue s'apprécie sur le long terme, me confirmera plus tard Pascale Decap, responsable de la collecte de fonds chez Aides. Contrairement à un grand événement médiatique, qui fournit des sommes importantes mais ponctuelles, elle produit des revenus réguliers et durables, sans avoir à renouveler l'investissement de départ. » La responsable sait de quoi elle parle : présente dès la création d'ONG Conseil en 2004, son association figurait parmi ses tout premiers clients. En quatre ans, 110 000 donateurs réguliers au total ont été recrutés dans la rue. À 9 euros par mois en moyenne, cela représente près de 12 millions d'euros assurés chaque année. Les derniers comptes publiés par l'organisme ne mentionnent que 9,4 millions d'euros de recette. Mais ils datent de 2007 et sont nettement supérieurs à ceux de l'exercice précédent (+ 100 % !). Ils représentent déjà, pour Aides, 80 % des ressources issues de la générosité publique…

Notre efficacité sur le terrain est donc primordiale. Tout le sens de la formation qui démarre est de faire de nous des recruteurs productifs. Les présentations à peine terminées, Clément commence d'ailleurs à nous délivrer ses premiers conseils : ne pas cibler les passants selon leur âge, leur aspect ou leur couleur de peau, par exemple. Ce sain principe répond certes à des considérations éthiques – un document remis plus tard dans la journée parle de « visée universaliste » de la communication pilotée par ONG Conseil – mais permet, surtout, d'accroître notre efficacité. Cibler les passants, en effet, c'est « choisir spontanément des gens qui nous ressemblent et passer à côté d'autres, tout à fait disposés à donner ». Exemple : des personnes âgées que l'on préfère généralement préserver... L'argument est confirmé par Clara, la recruteuse expérimentée du groupe.

Dans le même registre, notre formateur nous incite à ne pas trop perdre de temps en efforts de persuasion. « Si quelqu'un manifeste une hostilité viscérale à l'égard de la Croix-Rouge ou des associations caritatives en général, n'insistez pas, nous conseille-t-il. Il vaut mieux passer à quelqu'un d'autre. Nous n'avons pas la prétention de changer les mentalités. Notre rôle est de multiplier les contacts pour maximiser nos chances de trouver des donateurs. » Il conclut par une jolie métaphore, assez révélatrice : « Nous sommes des chercheurs d'or, pas des alchimistes, nous ne cherchons pas à changer le plomb en or. » Clara acquiesce à nouveau...

Je fais alors remarquer qu'en tant que « porte-drapeaux » de l'association nous sommes censés défendre ses valeurs auprès des passants et corriger, le cas échéant, les fausses rumeurs ou inexactitudes. Si quelqu'un prétend connaître un scandale à la Croix-Rouge, par exemple, notre rôle n'est-il pas de le contredire ? « Tu confonds recruteur de donateurs et militant, me répond Clément. Quelqu'un qui tente de gagner les autres à sa cause, c'est un militant. On a déjà essayé de faire des missions de rue avec des militants bénévoles : ça ne fonctionne pas. Ils ont tendance à vouloir convaincre tout le monde, même quand c'est peine perdue. À la fin de la journée, ils y ont passé beaucoup de temps, leur bilan est maigre et ils sont le plus souvent complètement démoralisés. »

Je commence à comprendre pourquoi nous avons été retenus, malgré – ou plutôt à cause de – la timidité de notre engagement humanitaire. Aux yeux de notre nouvel employeur, en effet, nous sommes une population à fort potentiel. Étudiants, chômeurs ou salariés précaires, nous avons tous besoin d'argent : une excellente raison, une fois dans la rue, de nous comporter en « poissons rouges », comme le résume Clément, décidément amateur de jolies formules ; en clair, d'oublier les refus, rejets ou agressions verbales « en un tour de bocal », accaparés que nous sommes par notre loyer ou le règlement de nos frais de scolarité.

En même temps et chacun à notre manière, nous sommes tous concernés par les causes sociales. Notre profil est suffisamment « tourné vers l'autre », en caricaturant, pour nous rendre crédibles et convaincre la cible privilégiée du marketing de rue : les moins de 30 ans.

« Vous n'avez pas d'obligation de résultat mais une obligation de moyen, nous prévient Clément. Vous serez jugés sur votre combativité, votre volonté d'aller en permanence au contact du public, votre capacité à écouter les conseils de votre responsable d'équipe. »

En tout, une douzaine de critères soigneusement répertoriés par écrit, évalués chaque jour et pour chacun par le responsable d'équipe. Objectif : faire en sorte que le résultat global de la mission soit positif. Car si rien ne nous oblige en principe à « faire du chiffre » à titre individuel, les objectifs d'ONG Conseil, eux, sont clairs : comme n'importe quelle entreprise, elle doit fournir à ses clients la prestation attendue. Prestation mesurée en nombre de donateurs recrutés à l'heure et facturée à l'heure aux associations clientes.

Une fois la formation achevée, je questionnerai Sylvain à ce sujet. Un peu embarrassé, il me fournira tout de même les chiffres demandés, malgré la présence de mes six coéquipiers à nos côtés.

« Oui, alors, je n'aime pas trop aborder le sujet mais, après tout, il faut l'avoir à l'esprit quand on est dans la rue. Entre vos salaires, les charges sociales, l'équipe administrative et logistique qui travaille chez ONG, tous les frais divers et variés, chacune de vos heures est facturée au minimum 60 euros aux associations. Selon leur durée et la taille de l'équipe, on arrive à un coût global par mission de 40 000 à 60 000 euros. C'est beaucoup et ça doit être un facteur de motivation supplémentaire pour vous : plus vous ferez signer de bulletins, plus la mission sera rentable pour l'asso. »

Un peu abasourdis par les chiffres annoncés, les membres de l'équipe écoutent sans broncher le court exposé de Sylvain. J'aurai l'occasion de vérifier ses dires chez Aides, qui débourse 68 euros de l'heure en moyenne, toutes charges comprises. À raison de 800 heures environ par mission, on arrive à un coût global de 54 400 euros, en plein dans la fourchette révélée plus haut. Autre information capitale : le montant moyen du prélèvement consenti par les donateurs. Toujours chez Aides, il s'élève à 9 euros par mois. Ce montant est plus élevé dans d'autres associations (il approcherait 11 euros par mois, par exemple, à la Croix-Rouge), de sorte que la « moyenne des moyennes », toutes associations confondues, tourne autour de 10 euros. L'information permet de mesurer précisément la rentabilité de l'opération pour les « assos ».

Petit problème d'arithmétique : si Aides dépense 68 euros de l'heure pour faire travailler le recruteur et si ce dernier convainc un donateur par heure, combien de temps faut-il à l'association pour rentrer dans ses frais ? Réponse : huit mois. Au bout de cette période, en effet, l'association a perçu 8 x 9 = 72 euros. Il s'agit là d'une recette. Et, comme pour toute opération commerciale, c'est en soustrayant les dépenses des recettes que l'on obtient le bénéfice : 72 - 68 = 4 euros. Conclusion : Aides est rentrée dans frais en huit mois. A partir du neuvième, la somme prélevée sur le compte du donateur bénéficie à 100 % à l'asso.

La réalité diverge toutefois assez nettement de cet idéal. Même avec la meilleure volonté du monde, il est impossible de convaincre un donateur par heure. Les meilleurs recruteurs obtiennent 0,75 signature à l'heure en moyenne et les très bonnes équipes sont à 0,68. Sur le programme Croix-Rouge, nous apprend Clément, le score global est de 0,6. Dès lors, ce n'est plus huit mois que l'association doit patienter pour enregistrer un bénéfice mais plus d'un an. Une année pendant laquelle les sommes prélevées sur le compte du donateur ne vont pas à la cause mais servent uniquement à payer le recruteur et les autres charges d'ONG Conseil !

Voilà pourquoi notre formateur insiste tant sur notre motivation et notre combativité. Il doit tout faire pour satisfaire les clients d'ONG Conseil, en particulier celui dont il a la charge. La tâche n'a rien d'une sinécure car tous n'ont pas la patience d'Aides. Certains exigent, paraît-il, de rentabiliser le coût d'une mission en 12 mois au maximum. Quitte à réduire leur contingent annuel d'heures si cet objectif n'est pas atteint.

Après un court exposé sur ONG Conseil, Clément revient assez longuement sur nos conditions de travail. Payés 10 euros bruts de l'heure, nous sommes ainsi 18,5 % au-dessus du Smic. « Avec un Smic, à Paris, on ne peut pas vivre, reconnaît-il. Ça ne sert à rien de se battre pour des causes sociales, si notre structure crée elle-même de la précarité. » Clément oublie de dire que nous sommes tous embauchés en contrat à durée déterminée (CDD), c'est-à-dire salariés précaires par nature. Son argument vise surtout à faire naître une certaine reconnaissance à l'égard d'ONG Conseil, et à nous faire donner le meilleur de nous-mêmes.

Il reprend ensuite le détail de notre journée, qui démarrera à 11 h et s'achèvera à 19 h, avec une heure pour déjeuner, une pause de 30 minutes le matin et une seconde l'après-midi. « La loi nous oblige à vous donner 21 minutes de pause, vous en avez 30 ! », triomphe Clément, fier de son effet. Bilan : 7 heures 15 rémunérées chaque jour. Il rappelle que notre ponctualité doit être parfaite et que ce critère n'est pas négociable. Puis il enchaîne sur les aspects quantitatifs du job. Il est possible et vivement conseillé, selon lui, d'accoster une centaine de personnes par heure. Sur ce total, 50 vont nous identifier, 25 vont nous répondre, 10 vont s'arrêter, 5 nous écouter, 3 aller jusqu'au bout de la discussion et une va signer le fameux « bulletin de soutien », qui matérialise son engagement financier.

« Ça, c'est la théorie, conclut notre formateur. Moi, si je vais dans la rue, je vais vouloir faire mieux que ça. Il y a des moments où vous ne récolterez aucun donateur pendant une heure, et d'autres où vous signerez six bulletins en deux heures. L'essentiel, je le répète, est d'oublier les échecs pour repartir immédiatement à l'attaque. »

On est loin de la largeur d'esprit affichée pendant l'entretien d'embauche, où Clément disait préférer les recruteurs respectueux de l'éthique aux stakhanovistes du prélèvement bancaire !

Un premier exercice pratique suit l'exposé. Il s'agit d'apprendre à accoster les passants dans la rue, avec une certaine fermeté mais sans agressivité. Cette phase nous est décrite comme la plus amusante et la plus créative de l'échange. Chacun est invité à trouver son « truc » personnel pour attirer l'attention, au besoin avec un accessoire (chapeau, vêtement ou coupe de cheveux originale). Toutefois, il convient d'interpeller les personnes de face, à bonne distance et en leur barrant la route. Objectif : les faire ralentir, afin qu'elles identifient le logo figurant sur nos vêtements. « Ne vous esquivez pas pour les laisser passer, nous conseille-t-on. Restez en place, ce sont elles qui vous contourneront si elles ne souhaitent pas vous parler. » Bien sûr, tout cela ne fonctionne qu'avec un large sourire, un « bonjour ! » le plus sonore possible et une pincée d'humour, quand c'est nécessaire. Certains joignent même le geste à la parole en écartant largement les bras ou en esquissant quelques pas de danse ! En clair, il faut être un « importun gentil », comme le sont les bons démarcheurs à domicile.

« Ne vous mettez pas en situation d'infériorité, insiste Clément. Les gens ne doivent pas s'arrêter par pitié à votre égard. Moi, je considère toujours qu'ils ont de la chance de me rencontrer. Je leur offre la possibilité de changer d'état d'esprit, d'être un peu moins égoïstes. S'ils ne veulent pas saisir cette chance, après tout, tant pis pour eux ! » Sans commentaire…

La journée se poursuit par un exposé de plusieurs heures sur la Croix-Rouge, son histoire, ses principes, son organisation et, bien sûr, ses missions. De l'aide aux réfugiés partout dans le monde à l'action sociale en France, en passant par le secourisme ou la formation aux métiers de santé, tout est passé en revue avec force détails. Un salarié de l'association vient ensuite nous faire un exposé poignant sur sa mission : aider les civils affectés par les conflits à retrouver leurs proches disparus.

Le « service de rétablissement des liens familiaux » – c'est son nom – reçoit un bon millier de demandes par an. Il effectue des recherches partout dans le monde et traite parfois des dossiers remontant à la guerre d'Espagne. Il s'agit souvent de retrouver la trace d'une personne décédée et de réunir le plus d'informations possible sur l'événement. Mais aussi, parfois, de permettre à une famille dispersée aux quatre coins du globe de se réunir.

Nous sommes tous captivés par ce témoignage et la sincérité évidente de son auteur. Lorsque la journée s'achève, nous avons reçu une grande quantité d'informations sur l'association dont nous porterons bientôt les couleurs. Le combat est juste, nous en sommes tous convaincus. Clément nous recommande de « réviser » sérieusement le soir même et avertit qu'il contrôlera nos connaissances. Bientôt, promet-il, chaque membre de l'équipe pourra répondre à n'importe quelle question sur l'asso.

Le lendemain matin, nous commençons, comme promis, par un jeu de questions-réponses sur les connaissances accumulées la veille. Nous avons tous plus ou moins relu nos notes mais personne ne maîtrise à la virgule près les statuts de la Croix-Rouge ni son budget 2007. Notre responsable de programme joue les maîtres d'école, distribuant des compliments aux « bons élèves », tançant vertement les autres, quand il ne les traite pas purement et simplement en têtes de Turc.

Il enchaîne avec un sujet nettement plus concret, appelé à être mis en pratique dès la fin de la formation : l'entretien avec le donateur potentiel. Les premières phases sont assez classiques – dire bonjour, présenter l'association, valider l'intérêt de la personne pour les causes qu'elle défend – et certaines ont déjà été évoquées la veille. Plus délicate est la notion de don régulier par prélèvement. Lors de l'entretien, sa présentation suscite fréquemment des réactions. Elle doit donc faire l'objet d'un *briefing* approfondi.

La question du prélèvement minimum, en dessous duquel nous ne sommes pas censés descendre, émerge presque aussitôt. Il est de 6 euros par mois pour la Croix-Rouge, comme pour d'autres associations clientes d'ONG Conseil. Sans cette somme plancher, nous explique-t-on, les donateurs proposent des versements très faibles (parfois 1 euro par mois), se sentent peu impliqués et annulent rapidement leur prélèvement. Admettons… Il semble plus probable que le minimum réponde à des impératifs de rentabilité. Permettre à l'association de dégager un « bénéfice », on l'a vu, exige déjà de longs mois.

Pour autant, rien n'oblige le recruteur à annoncer d'emblée le montant minimum. C'est même fortement déconseillé ! S'y résoudre, c'est risquer de voir tous les donateurs saisir la perche qui leur est tendue en optant d'emblée pour les 6 euros. « Il vaut mieux laisser les gens parler, les laisser trouver eux-mêmes la somme qui leur convient en fonction de leurs possibilités et de leur niveau d'engagement », préconise Clément.

Pourquoi, en effet, décourager un généreux donateur prêt à verser 25 euros mensuels s'il en a l'envie et les moyens ? Ce serait trop bête ! Sylvain va plus loin que Clément dans ce registre ; comme j'émets des réserves sur la méthode, il me conseille de ne pas divulguer le minimum tout de suite, même si le donateur le demande, mais d'attendre qu'il formule sa question une seconde fois ! Une évidence s'impose peu à peu : dans les faits, malgré les beaux discours, pas mal de choses sont permises pour assurer le « chiffre d'affaires » de la mission.

Cette impression se confirme un peu plus tard lorsque nous étudions en détail les objections au principe même du prélèvement, entendues au fil des missions précédentes. Les passants s'inquiètent de l'usage qui sera fait de leur argent ? Pas de problème ! Il suffit de citer quelques chiffres clés (« les trois quarts de l'argent collecté vont directement sur le terrain ») et de rappeler que les comptes de la Croix-Rouge française sont épluchés chaque année par deux grands cabinets d'audit parisiens : Deloitte et Price Waterhouse Coopers. Sans oublier le Comité de la charte, organisme d'agrément et de contrôle auquel adhère l'association. Jusque-là, rien à dire. Mais l'objection la plus fréquente est tout autre et nous devons nous préparer à l'entendre à longueur de journée : « Je n'ai pas les moyens. »

Clément nous explique alors que chacun a l'obligation de se loger ou de se nourrir mais qu'une part importante de notre salaire est consacrée à des dépenses plus ou moins futiles – les vêtements, par exemple ! – et aux loisirs. Lorsque les passants disent « je n'ai pas d'argent », nous sommes donc censés comprendre « je suis dans le rouge à la fin du mois à cause de tous les plaisirs que je m'accorde, ainsi qu'à mes proches ». Objectif : réintroduire le don dans ce fameux poste « loisirs », en incitant les donateurs à quelques menus sacrifices. « Un prélèvement pour la Croix-Rouge n'a rien à voir avec un prélèvement EDF, plaide Clément en se mettant lui-même en situation de recruteur. C'est vous qui choisissez le montant et, en plus, vous vous faites plaisir en donnant à une cause utile. »

L'argument est un peu tiré par les cheveux mais qu'importe… L'essentiel est de prendre ces questions d'argent « de haut », sans entrer dans les détails de la vie quotidienne. La règle vaut également face à un étudiant. « Je n'ai jamais été aussi à l'aise que lorsque j'étais étudiant, affirme sans rire notre formateur. Avec ma bourse et l'argent que me versaient mes parents, je vivais super bien, avec quelques centaines d'euros par mois ! Alors, ne vous laissez pas berner : seuls 9 à 10 % des Français sont dans l'impossibilité de donner. Des RMIstes avec deux enfants à charge, vous en croiserez très peu. »

La séance se poursuit par une dizaine d'objections types soigneusement répertoriées et décortiquées, de « nous donnons déjà, via les impôts » à « il faut que je réfléchisse », en passant par « je préfère en parler à mon conjoint ». Cette dernière donne lieu à une cocasse intrusion dans la vie privée du donateur.

« Franchement, monsieur, demandez-vous son avis à votre femme avant d'aller voter ? démarre l'argumentaire. Ce n'est pas votre couple qui m'intéresse mais votre engagement personnel. Vous êtes adulte et responsable. Et puis, croyez-vous sincèrement vous faire disputer ce soir parce que vous avez signé pour une association caritative ? » Non mais, des fois !

La question des coordonnées bancaires, cruciale, est également traitée dans le détail. À ce stade, le donateur a déjà donné son accord et nous entamons la rédaction de son bulletin de soutien. Il est alors fréquent que le fameux relevé d'identité bancaire (RIB) fasse défaut. Rien de bien étonnant à cela… Néanmoins, tout doit être tenté pour conclure l'affaire sur-le-champ et éviter la prise d'un rendez-vous téléphonique ultérieur, qui donnerait à la personne l'occasion de réfléchir et de se raviser. J'apprends ainsi que certaines banques affichent les coordonnées bancaires complètes de leurs clients, non seulement sur les RIB mais aussi sur les chèques eux-mêmes ; qu'il faut demander au donateur s'il n'a pas sur lui un relevé de compte ou une carte « mémo » récapitulant les précieux renseignements ; qu'il est parfois possible d'éditer un RIB, via un distributeur automatique ; qu'il reste, enfin, un ultime recours : appeler le conjoint du donateur – redevenu tout à coup intéressant ! – ou se rendre dans l'agence bancaire la plus proche pour obtenir son numéro de compte exhaustif. Nous sommes même autorisés à l'accompagner sur place, quitte à interrompre notre « chasse » aux donateurs le temps nécessaire…

Malgré ce déluge de « précautions, trucs et astuces », deux signatures sur cinq nécessitent un rappel téléphonique. Cette tâche capitale fait, elle aussi, l'objet de consignes précises. Elle s'effectuera pendant les pauses (sic) ou en fin de journée, au moyen d'un portable mis à la disposition de l'équipe.

Notre formation touche à sa fin. Nous savons déjà l'essentiel et il ne nous reste qu'à rédiger le « script », court discours de présentation de l'association délivré aux passants. Chacun doit concevoir le sien, validé ensuite par Clément et Sylvain. Puis nous entamons une longue série de mises en situation, jeux de rôle où nous nous évaluons mutuellement en échangeant les rôles à chaque fois. L'ambiance est plutôt détendue. Le courant passe entre les membres de l'équipe, les personnalités s'équilibrent et une forme de solidarité s'installe entre nous.

Clara est à l'aise dans son rôle de recruteuse expérimentée. Elle multiplie conseils et anecdotes. Julien, nîmois « monté » à Paris, fait de réels efforts pour asseoir ses connaissances sur la Croix-Rouge, après les sévères remontrances de Clément. Leila, étudiante en droit passionnée par sa discipline, ne rate aucune occasion de pointer les « zones d'ombre » de la méthode ONG Conseil. Pour autant, elle manifeste une bonne volonté sans faille.

L'une des saynètes auxquelles nous participons lui donne ainsi l'occasion de réagir. Légaliste dans l'âme, Leila annonce à Clara qu'elle peut à tout moment résilier son prélèvement sur simple appel téléphonique. Rusée, Clara saisit la balle au bond et joue alors les donatrices opportunistes. « D'accord, je vais signer et j'annulerai dans deux mois si je vois que je n'y arrive pas financièrement », annonce-t-elle à Leila, qui opine. La scène est rapidement interrompue par Sylvain, qui rappelle les priorités : viser l'engagement dans la durée, insister sur l'importance du financement régulier, etc.

« Ce qui marche assez bien, c'est de dire aux gens qu'ils prennent un engagement moral d'un an », annonce-t-il à Leila, visiblement perturbée par une transgression aussi nette des droits du donateur...

Ce sera la dernière occasion pour nous de tester nos compétences. La journée est déjà bien avancée et l'heure de la conclusion a sonné. « Vous partez pour un mois d'aventures, il me reste à vous souhaiter plein de beaux moments, déclare Clément, non sans lyrisme. Donnez-vous à fond, pas seulement pour l'asso mais aussi pour vous. Vous aurez peu d'occasions dans votre vie de vous mobiliser aussi fortement pour votre prochain. Alors, profitez-en ! »

Ces belles paroles à peine prononcées, chacun reprend le chemin de son domicile. La motivation de l'équipe est palpable. Mis en condition par la formation, persuadés que notre mission est juste, nous avons tous hâte d'entrer dans le vif du sujet. C'est dans le quartier des Halles – encore lui – que nous ferons nos premières armes.

À 11 h précises, le lendemain matin, l'équipe est au complet. Nous nous installons sur les marches du Forum des Halles, non loin de l'entrée principale. Sylvain teste une dernière fois nos connaissances et nous donne les ultimes consignes. « Si vous voulez fumer, attendez plutôt les pauses et retirez votre blouson Croix-Rouge », ordonne-t-il. Il s'agit de ne ternir à aucun prix l'image de l'association. En chef d'escouade aguerri, il nous indique ensuite comment nous déployer autour d'un vaste carrefour piétonnier, puis siffle le coup d'envoi.

« C'est maintenant que la guerre commence, les p'tits loups ! Il va falloir réveiller la bête qui sommeille en vous ! Évitez les temps morts, allez systématiquement à la rencontre des gens sans trop vous éloigner les uns des autres. Si nous restons en groupe, les gens nous repèrent mieux. »

Je me poste tout de même légèrement à l'écart, pour ne pas interférer avec mes camarades. Un peu hésitant, un sourire aussi large que possible aux lèvres, j'accoste la première personne dont je parviens à croiser le regard.

« Bonjour ! Deux petites minutes pour la Croix-Rouge ?

– Oui, c'est bon, ONG Conseil, je vous connais, j'ai déjà fait des missions, moi aussi… »

Je crois à une blague ou à une mise à l'épreuve de mes responsables mais ce jeune homme, debout en face de moi, a l'air sérieux.

« Ah ! oui, tu nous connais ? Pour quelle asso as-tu travaillé ? lui demandé-je, encore incrédule.

– Aides et le WWF. Mais j'ai fini par laisser tomber. L'éthique était de moins en moins respectée chez ONG. Ce n'était plus comme au début.

– Bon, inutile d'essayer de te convaincre, dans ce cas…

– Non, ne te fatigue pas. Bon courage quand même, ce n'est pas un job facile. »

Étrange entrée en matière… J'hésite un instant à lui révéler le véritable but de ma mission et à prendre ses coordonnées pour reparler avec lui de ces fameux « problèmes d'éthique ». Mais mes collègues et responsables ne sont pas loin… Je décide d'enchaîner. Une femme d'une quarantaine d'années s'arrête quelques secondes plus tard. Elle sort visiblement du travail et consent à interrompre sa pause déjeuner pour écouter mon laïus. C'est plus facile que je ne le pensais, finalement, me dis-je.

J'ai le temps de dérouler la quasi-totalité de mon script. Mon interlocutrice m'écoute sagement, l'air intéressé. Elle est surprise par la diversité des missions de la Croix-Rouge, en particulier dans le domaine social. Vient le moment critique où je dois lui parler du prélèvement bancaire. Elle écoute toujours, me répond qu'elle doit réfléchir et me propose d'emmener le bulletin avec elle. Je lui réponds que c'est impossible, qu'elle doit se décider tout de suite. Elle ouvre alors de grands yeux, surprise.

« D'accord, on va le remplir votre bulletin », abdique-t-elle après mes explications un brin tortueuses. Je triomphe intérieurement…

Elle me donne sans difficulté son nom, son adresse et ses coordonnées téléphoniques. Les choses se corsent au moment de définir la somme. J'argumente, je lui parle à nouveau des actions de la Croix-Rouge, des ressources régulières qu'elle apportera, via son don. Mais elle refuse catégoriquement de me donner un montant. Je sors alors ma dernière carte, celle du prélèvement minimum de 6 euros. Elle persiste et dit vouloir réfléchir, quitte à se faire rappeler plus tard. Je poursuis malgré tout. Comme je le prévoyais, elle n'a pas de relevé d'identité bancaire. Je déroule à nouveau mon argumentaire.

« Vous avez peut-être un chéquier ou une carte bleue ? Nous pourrions aller à un distributeur automatique, pour obtenir vos coordonnées bancaires ? »

Elle éclate de rire...

« Vous êtes drôlement entreprenant, vous, dites donc ! »

Je souris à mon tour, soudain ramené à la réalité et au côté excessif de ma demande... Je reviens tout de même à la charge et, dans un ultime effort, parviens à lui faire signer son bulletin et à convenir d'un rendez-vous téléphonique. Rendez-vous, d'ailleurs, qu'elle n'a pas l'intention d'honorer. Mais je ne le sais pas encore. Je la salue et je m'en vais aussitôt annoncer la bonne nouvelle à Sylvain. Totalement pris au jeu, j'éprouve une joie mêlée de fierté. J'ai obtenu une signature en moins d'une demi-heure ! Le bulletin est incomplet, l'adhésion n'est pas acquise mais j'ai tout de même le sentiment de m'être bien battu.

« Ben, ça ne vaut pas grand-chose, il n'y a pas de montant, me calme mon responsable d'équipe. En plus, tu as oublié de lui remettre son exemplaire. Rappelle-la avant qu'elle ne soit trop loin. »

Moi qui attendais des félicitations, c'est un peu la douche froide... Du coup, mes efforts se relâchent imperceptiblement. Les gens sont toujours aussi faciles à interpeller : il suffit de sourire et de faire un peu le pitre, en sautillant ou en effectuant de grands gestes. Mais pour ce qui est de conclure... Comme prévu, le manque d'argent est l'argument le plus souvent invoqué. Il faudrait oser, comme on me l'a appris, leur affirmer que leur budget n'est pas si serré, que 10 euros par mois, ce n'est rien, que le sac de vêtements fraîchement achetés, pendu à leur main, représente une dépense supérieure. Mais j'ai encore quelques scrupules.

Certains affirment être déjà donateurs et arguent « que l'on ne peut pas donner à tout le monde ». D'autres se disent bénévoles dans des associations ou à la Croix-Rouge elle-même, et préfèrent cette forme d'engagement. Comment les contredire ?

« Tu tournes pas mal en rond, Marc, il faut être plus énergique, intervient alors Sylvain. Je te regarde et je te vois souvent laisser passer cinq ou six personnes sans réagir. »

Décidément, les méthodes de management de Sylvain sont obscures. Sous ses airs juvéniles et débonnaires, se cache un chef d'équipe à l'ancienne, persuadé de devoir « mettre la pression » pour stimuler ses troupes. L'encouragement ne semble pas faire partie de sa panoplie. L'heure du déjeuner arrive et je reste sur mon maigre score. Mes coéquipiers n'ont guère fait mieux.

Je retrouve un peu de motivation l'après-midi, de manière inattendue. Une dame très élégante, d'une soixantaine d'années, s'arrête et annonce d'emblée la couleur. « Je vous préviens, je ne signerai pas, me dit-elle en guise d'introduction. Je n'ai rien contre ce que vous faites, je trouve même très bien que des gens comme vous se mobilisent mais j'ai déjà assez de contraintes comme ça et je n'ai pas envie d'en rajouter. » Elle m'explique alors avoir la charge de sa mère très âgée et de son fils de 30 ans, actuellement en pleine déconvenue sentimentale. Peut-être rassurée par l'insigne cousu sur mes vêtements, elle a décidé de se confier et me livre peu à peu ce qu'elle a sur le cœur.

En jargon ONG Conseil, cette femme est ce qu'on appelle une « saboteuse » : quelqu'un dont on ne parvient pas à se défaire et qui vous vole de précieuses minutes en pure perte. Les consignes de Clément étaient claires à ce sujet. Avec les saboteurs, il est impératif de reprendre rapidement la main et d'aller droit au but pour susciter une réaction de rejet. Exemple : « Je ne suis pas là pour discuter avec vous mais pour récupérer votre argent par prélèvement bancaire. Ce que je veux, c'est votre RIB et votre signature, vous comprenez ? » La méthode est, paraît-il, infaillible. Mais je n'ai nullement envie de brutaliser cette dame. Elle souhaite simplement discuter quelques instants et sa conversation est agréable. Pourquoi la contrarier ? Je laisse l'échange se prolonger et nous nous saluons cordialement une dizaine de minutes plus tard.

Cet épisode m'a ragaillardi et je signe, un peu plus tard, deux bulletins de soutien, quasiment coup sur coup. Le premier avec un barbu fort patient que j'obligerai – honte à moi ! – à se rendre à l'agence Société générale la plus proche pour récupérer ses coordonnées bancaires. Le second avec un monsieur habitué au système des prélèvements.

« Vous avez de la chance, je viens juste d'annuler mon prélèvement pour Médecins du monde », m'annonce-t-il en souriant.

Il opte finalement pour la somme de 15 euros par mois mais je devrai le rappeler pour obtenir ses coordonnées bancaires, non sans avoir auparavant passé en revue les solutions de rechange habituelles. « Ne vous inquiétez pas, vous aurez mon fric ! », conclut-il, mi-agacé, mi-amusé.

Un autre passant, se disant pressé, m'entraîne avec lui jusqu'à l'escalator d'accès au RER. Nous avons une assez longue conversation où je m'aperçois qu'il me prend pour un bénévole de la Croix-Rouge, directement impliqué dans les actions humanitaires que je lui décris. Le sentant prêt à signer, je ne me risquerai pas à le contredire. Je répondrai par des hochements de tête silencieux à ses commentaires sur le « sérieux de nos missions à l'étranger ».

L'épisode illustre toute l'ambiguïté de notre statut : salariés d'ONG Conseil et encouragés par nos responsables à ne rien cacher sur le sujet, nous sommes en même temps soumis à la pression du résultat. Celle-ci, quoique niée officiellement, est bien réelle. Elle transpire dans les différentes phases de notre formation. Elle se manifeste sur le terrain, via notre responsable d'équipe. Sournoisement, elle nous pousse à sortir du cadre qui nous est fixé. Le bilan de la journée, dressé par Sylvain en fin d'après-midi, en fournit une nouvelle illustration.

« Alors, point positif de cette première journée : vous ramenez des bulletins, nous annonce-t-il un peu après 19 h. Par contre, je trouve que vous manquez tous de dynamisme. Et puis il y a un truc qui m'énerve, ce sont vos bavardages incessants. Il faut vraiment que ça cesse. Vous avez les pauses et le déjeuner pour vous parler. Le reste du temps, vous devez être mobilisés à 100 %. »

La remarque surprend la plupart d'entre nous. Volontairement ou non, elle met l'accent sur notre manque de rentabilité supposé et nous fait comprendre que la bonne volonté, manifeste au sein du groupe, ne suffit pas. Il faut aussi « tenir les cadences ». Voilà ce que Clément voulait dire en nous parlant d'obligation de moyen, pendant la formation. Cette logique est parfaitement mise en pratique sur le terrain, notre responsable d'équipe en faisant la condition nécessaire à l'obtention de résultats.

Ce glissement progressif, presque sournois, vers une logique productiviste n'a rien de surprenant. Il était déjà pointé du doigt par un certain Jonathan Jeremiasz, cofondateur d'ONG Conseil, lorsqu'il était encore étudiant en sociologie. En 2003, le jeune homme rédigea en effet son mémoire de maîtrise sur Direct Dialogue, le programme de rue mis en place par Greenpeace France en 1997. Suivant l'exemple de sa consœur autrichienne, l'association avait embauché et formé cette année-là ses premiers recruteurs de donateurs.

Le test fut un succès : l'année suivante, le programme était lancé sur une base régulière. Jonathan Jeremiasz, quant à lui, fut embauché en juin 2001. À l'époque, recruter des donateurs dans la rue constituait pour lui un simple « job » d'été. Mais la possibilité de valoriser cette expérience dans le cadre de ses études se présenta l'année suivante. De plus, l'étudiant fit assez vite une rencontre décisive : celle de Jean-Paul Caulin-Recoing, à l'époque responsable du programme Direct Dialogue, avec qui il fonda plus tard et codirige, encore aujourd'hui, ONG Conseil.

Dans son mémoire d'étudiant, Jonathan Jeremiasz parle de son premier passage chez Greenpeace en termes peu élogieux. Il évoque l'« aspect mercantile » du programme, perceptible dès la phase de formation, et critique l'attitude de ses responsables. Une fois dans la rue, il passe outre les consignes et s'attarde, quand bon lui semble, avec les passants, même si ceux-ci sont peu susceptibles d'adhérer à l'association. Il émet enfin ouvertement des réserves sur Direct Dialogue et s'attire, d'après ses dires, une réputation de « chieur » et de « grande gueule » chez Greenpeace ! Ce qui l'indispose à l'époque : la façon dont le recruteur manipule les futurs donateurs en récitant son script.

Jonathan Jeremiasz décrit plus loin les résistances suscitées par Direct Dialogue en interne. Ce « marketing direct à la sauce associative », selon ses termes, passe mal dans une organisation protestataire dont les membres ont, pour la plupart, des « convictions de gauche ». C'est la résignation et l'intérêt financier du programme qui, peu à peu, feront passer la pilule chez les militants les plus radicaux.

Manifestement, ce précédent n'a guère servi de leçon à ONG Conseil. L'entreprise est tombée peu ou prou dans les travers que son fondateur décrivait chez Greenpeace. Et ce malgré ses beaux principes et la création, en interne, d'un comité d'éthique. Autant que la faiblesse des hommes, c'est le principe même de la collecte de rue qui est ici en cause. Dès lors que les associations paient – et paient cher – le déploiement d'armées de recruteurs dans les grandes villes de France, il est naturel de vouloir les satisfaire. Il en va de la crédibilité d'ONG Conseil mais aussi des fameux « principes moraux » mis en avant auprès des recruteurs de donateurs. Ce qui prime dans l'esprit des cadres, c'est la cause défendue par l'association cliente et la consolidation de ses ressources financières. Même si, pour cela, il faut bousculer quelque peu les passants, se taire sur leurs droits élémentaires ou mettre la pression sur les recruteurs.

Cette pression s'accroît encore lorsque, comme ONG Conseil, on passe en trois ans de 19 000 heures de « terrain » annuelles à… 285 000, avec tous les problèmes d'organisation et de recrutement que cela suppose. Au printemps 2008, les missions se succédaient au rythme d'une quarantaine par mois, toutes associations confondues. Le rythme n'a pas vraiment faibli depuis. Coïncidence ou non, c'est également en 2008 qu'ONG Conseil a enregistré ses premiers résultats négatifs, avec une perte de près de 100 000 euros en janvier selon le bulletin interne de l'entreprise.

Cette crise de croissance s'explique par un dérapage des coûts lié, semble-t-il, aux difficultés d'encadrement des missions. Fatalement, la productivité s'est également effritée. « Nos premières missions étaient très rentables avec un taux moyen de 0,75 donateur à l'heure, témoigne Pascale Decap, chez Aides. Les résultats ont ensuite baissé et la moyenne était de 0,64 en 2007. Puis nous avons connu une chute brutale en 2008, avec 0,52 prélèvement à l'heure au premier trimestre. » De tels chiffres ne sont pas sans conséquence : ils imposent aux associations clientes de longs mois supplémentaires d'attente avant le point d'équilibre, cette étape clé où leur investissement commence à porter ses fruits. De là à penser que les méthodes employées sur le terrain et la pression mise sur les recruteurs de donateurs en sont les conséquences directes... « Nous devons rapprocher notre organisation de notre nouvelle taille, déclarait Jonathan Jeremiasz en mai 2008, toujours dans le bulletin interne. La conséquence pour chacun, c'est d'ajouter à l'une de nos règles de base – la confiance – de nécessaires contrôles, voire des sanctions pour ceux qui ne joueront pas le jeu. »

L'amateurisme joyeux des débuts n'est plus qu'un lointain souvenir. Le principe de réalité a rattrapé les créateurs d'ONG Conseil. S'ils ne sont pas – pas encore – des chefs d'entreprise comme les autres, ils doivent au moins en adopter quelques postures. Celle du dirigeant sourcilleux en est une. Et tout indique que les missions de rue actuelles sont autant, sinon plus encadrées et stimulées encore que la « CRF 13 », nom de code de la mission à laquelle j'ai participé. Pour moi, simple témoin, l'aventure n'aura duré que quelques jours. J'ai annoncé à Clément et à Sylvain ma démission dès le lendemain de ma première journée de terrain. « Je ne suis pas fait pour ce job », ai-je alors prétexté, sans forcer ma nature. Mon seul regret : ne pas avoir salué une dernière fois, comme ils le méritaient, Julien, Clara, Vincent, Leila, Pascal et Audrey.

Chapitre 4

LE PRIX DE L'AUDACE

« Pardon à ceux qui souffrent et à leurs familles mais trop, c'est trop ! » JD, blogueur de son état, n'est pas content. Normal, direz-vous, son site se nomme… gueulante.fr. Il lui permet d'exprimer régulièrement, « à la mode française », des commentaires sur les « faits divers de notre beau pays ». En ce mois de décembre 2008, c'est pourtant un « coup de gueule » inattendu que pousse JD. Il ne vise ni nos hommes politiques ni la presse et son incompétence présumée mais un événement quasi inattaquable : le Téléthon.

Sous le titre « Téléthon or not Téléthon ? Faudrait vraiment que cela s'arrête ! » le blogueur fustige, en vrac, le côté compassionnel de ce « grand barnum médiatique » ; la passivité de l'État dans un domaine – la santé – qui le concerne pourtant au premier chef ; l'injustice d'une opération occultant par son ampleur d'autres causes tout aussi méritantes. « À quand un Téléthon pour ceux qui crèvent dans les rues de France ? » questionne l'internaute mécontent. Sans détour, il réclame la peau de la première opération caritato-cathodique de l'Hexagone et son remplacement par une émission dédiée à la solidarité sous toutes ses formes.

L'événement peut sembler anecdotique. Mais l'on aurait tort de voir en JD un grincheux en mal de tribune, comme il en existe tant sur le Net. En quelques jours, son pamphlet est lu plus de 4 300 fois et une centaine d'internautes prennent la peine de lui répondre. Certains s'indignent des critiques adressées au Téléthon et mettent en avant le sort des malades. Mais d'autres, nettement plus nombreux, partagent le « ras-le-bol » du blogueur.

« Je suis totalement de votre avis, commente cette retraitée. Ces émissions, ce racolage de fin d'année me déplaisent énormément. Pourquoi certains et pas les autres ? Comment ose-t-on demander de l'argent à ceux qui ont du mal à vivre ? Pourquoi n'en demande-t-on pas au président de la République, aux hauts fonctionnaires, aux animateurs télé ? On veut nous rendre coupables, nous influencer. Demandez à la présidente de cette association – l'AFM – combien elle gagne. Je l'ai appris il y a quelques années et cela m'a estomaquée. »

D'autres sont plus virulents encore et s'interrogent à la fois sur le rôle de l'État et l'utilisation des fonds récoltés pendant l'émission : « On est tondus toute l'année et, en plus, il faudrait faire des chèques aux associations ! Où va notre pognon ? » Un bénévole supposé de l'AFM, enfin, avoue qu'il n'est pas sûr de participer à l'événement l'année prochaine.

Il dénonce « une association opaque, des charges de fonctionnement gaspillées, une remontée des fonds mal contrôlée, bref tous les maux des grandes assos d'envergure nationale ». « Le concept du Téléthon date de 22 ans, il est usé et peu attractif, conclut ce bénévole. Il faut le recentrer sur les initiatives locales. Tout est à revoir. »

Des réactions aussi fortes, doublées pour certaines d'accusations précises, sont bien sûr à considérer avec prudence. Elles ne doivent pas être prises au pied de la lettre. Toutefois, elles sont révélatrices d'un certain malaise. Ce même malaise qui s'empare du téléspectateur lorsqu'il visionne pour la première fois les images du Téléthon (voir chapitre 1). En lisant les commentaires de ces internautes mécontents, je revois ces enfants malades placés en première ligne, cette volonté délibérée des animateurs TV de dramatiser l'événement et de culpabiliser le téléspectateur. À l'évidence, je ne suis pas le seul à m'interroger. Et les questions que je pose à Laurence Tiennot-Herment, présidente de l'AFM, lors de notre première rencontre, d'autres téléspectateurs se les posent également…

Le rendez-vous n'a pas été très difficile à obtenir. Mais le jour venu, Laurence Tiennot-Herment paraît très occupée et a, semble-t-il, peu de temps à me consacrer. Le secrétaire général et le directeur du développement de l'association sont là pour la seconder. Sans oublier la responsable de la communication. Procédure assez inhabituelle, cette dernière me demande si elle peut enregistrer l'entretien. « Juste au cas où », précise-t-elle… L'usage veut plutôt que ce genre de demande émane de l'intervieweur mais passons…

J'interroge d'abord la présidente sur les résultats du Téléthon, les contre-performances enregistrées en 2007 et 2008. « On a connu un tassement, c'est vrai, mais ce n'est pas une première, minimise-t-elle. Les causes sont multiples et d'autres associations sont touchées. » Le ton est courtois mais un peu las, comme si la présidente de l'AFM semblait déçue de la tournure prise par l'entretien. Elle préférerait à l'évidence me parler des avancées de la recherche, des nouveaux traitements qui s'annoncent... sujets sans doute nettement plus importants à ses yeux.

Elle joue le jeu malgré tout, justifiant d'abord la baisse des dons par la météo, rarement clémente début décembre. Les mauvaises conditions entraînent parfois l'annulation de nombreuses manifestations locales et le préjudice est alors réel. Lorsque je lui fais remarquer que la collecte de la « Force T » – nom de code des 22 000 manifestations organisées chaque année sur l'ensemble du territoire par les comités locaux – est nettement moins touchée que les dons récoltés au « 36 37 » ou via Internet, elle invoque la crise et les craintes des Français sur leur pouvoir d'achat. « Les petits donateurs, dont les revenus sont souvent inférieurs à la moyenne, sont moins nombreux que par le passé, argumente-t-elle. Leur situation personnelle est plus difficile et certains renoncent à donner. »

L'autre explication possible, l'usure du « concept Téléthon » et la lassitude des téléspectateurs face à ses excès, Laurence Tiennot-Herment l'écarte d'un revers de la main. Ce n'est pas le problème, selon elle. « Une année, les choses se présentaient moins bien que prévu du côté du compteur de dons, se souvient-elle. Le président de l'époque – Bernard Barataud, en poste jusqu'en juin 2001 – s'en inquiéta et décida de faire une intervention " musclée " sur le plateau, prenant directement les téléspectateurs à partie sur le thème " Vous ne pouvez pas nous laisser tomber ! " L'effet fut quasi immédiat et le rythme des dons s'accéléra. » En clair, les réactions des téléspectateurs sont imprévisibles et les « coups de gueule » des animateurs ou responsables sont souvent suivis d'effets.

Mais il y a autre chose. Ce que suggèrent les propos de Laurence Tiennot-Herment, c'est que la dramatisation est un ingrédient essentiel du Téléthon. Prendre le téléspectateur à témoin, lui faire comprendre coûte que coûte qu'il est un privilégié et n'a d'autre choix que de donner, fait partie du jeu. Il en est ainsi depuis l'origine. Plus précisément depuis que l'acteur Jerry Lewis présenta, en 1966, le premier Téléthon américain d'envergure nationale au profit de la Muscular dystrophy association (MDA), l'équivalent outre-Atlantique de l'AFM. La recette ne semble guère usée : âgé aujourd'hui de 83 ans, l'artiste présente toujours, chaque premier lundi de septembre – le jour férié de la fête du travail aux États-Unis –, cette institution retransmise par 180 chaînes dans tout le pays.

Les responsables actuels de l'AFM souhaiteraient d'ailleurs radicalement changer de registre qu'ils éprouveraient quelques difficultés à le faire. Depuis son origine, en 1987, la version hexagonale du Téléthon a toujours été intégralement produite par France Télévisions. Les relations entre les deux partenaires sont régies par une convention précisant notamment que l'« animation et le contenu éditorial et artistique relèvent de la responsabilité de la chaîne ». L'association peut certes émettre des remarques. Elle peut, par exemple, demander des modifications si elle juge certaines images trop dures ou si un reportage induit le téléspectateur en erreur sur la réalité d'un programme de recherches. Mais si le désaccord persiste, c'est France Télévisions qui tranche.

Dans la pratique, le programme résulte d'une « collaboration ». La chaîne informe au fur et à mesure l'AFM des animateurs, témoins et artistes impliqués dans l'événement. Le « conducteur » – minutage précis des séquences en plateau, duplex régionaux, reportages – est communiqué à l'association 15 jours avant le Téléthon. Les reportages, quant à eux, sont visionnés pendant la semaine précédant le jour J. À ce stade, l'AFM peut donc en théorie réagir. Mais il est bien tard pour annuler une séquence ou commander des images supplémentaires... Un rapport de la Cour des comptes, publié en 2004, indiquait que l'association, dans les faits, maîtrisait peu le contenu de l'émission.

Comme souvent, la lecture dudit rapport se révèle très instructive. Les commentaires des magistrats tranchent assez nettement avec ceux réservés aux Restos du cœur lors d'un précédent contrôle. Très exposée elle aussi, l'association fondée par Coluche veille farouchement à garder son indépendance vis-à-vis des chaînes TV. Un appel d'offres les remet en concurrence chaque année pour diffuser la soirée des Enfoirés, dont le concept appartient aux Restos. Côté finances, un montage contractuel assez abouti fait de l'association le producteur de l'émission, sans les inconvénients inhérents à ce statut. Objectif : garder la maîtrise du contenu sans mobiliser les deniers de l'association (voir chapitre 5).

Rien de comparable à l'AFM. Mettre les chaînes en concurrence pour diffuser le Téléthon ? « À ma connaissance, aucun contact n'a jamais été pris dans ce sens, répond Laurence Tiennot-Herment. France 2 nous soutient depuis l'origine et il nous semble cohérent de faire appel au service public, compte tenu de nos missions. » Ce que la responsable omet de préciser spontanément, c'est que ce soutien a un prix. Les animateurs TV et artistes ont beau participer à l'événement gratuitement, la chaîne, elle, exige de l'AFM une participation financière.

Il s'agit de contribuer aux frais de production de l'émission, gonflés par les directs en plateau et les nombreux duplex régionaux. Autant dire que cette participation est tout sauf symbolique : pour le Téléthon 2008, elle s'est élevée à 1,8 million d'euros. En ramenant cette somme aux 104,9 millions d'euros collectés cette année-là, on obtient ce troublant constat : chaque fois qu'un donateur a versé 100 euros à l'AFM, 1,72 euro est allé à France Télévisions…

Une fois encore, le contraste avec les Restos du cœur et leur soirée des Enfoirés est saisissant. Censés poursuivre le même objectif – le renflouement rapide et massif d'une grande association caritative –, les deux événements procèdent de logiques diamétralement opposées. Alors que l'AFM paie une chaîne de télévision pour organiser son Téléthon, les Restos du cœur « vendent » leur concept à ces mêmes chaînes et récupèrent de l'argent à tous les niveaux : cession des droits de diffusion, commercialisation de CD et DVD, dons suscités par l'émission.

On objectera que le résultat final est fort différent. La soirée des Enfoirés est un concert suivi de quelques reportages sur les missions de l'association et d'interviews de ses responsables. Le Téléthon, à l'inverse, a lieu en direct et mobilise les équipes techniques pendant 30 heures. Mais cela justifie-t-il le gros chèque adressé chaque année à France Télévisions ? En 2004, la Cour des comptes pointait du doigt le « caractère succinct » des éléments fournis à l'AFM par l'entreprise publique pour évaluer la réalité des coûts. Cette version des faits est contredite par Laurence Tiennot-Herment et son équipe.

Selon eux, France Télévisions fournit chaque année un devis détaillé de l'émission avant sa diffusion. Quelques mois plus tard, un budget, également détaillé, récapitule les sommes effectivement dépensées et la part qui échoit à l'AFM. Les 1,8 million d'euros versés en 2008 ne représenteraient ainsi que 30 % du coût réel. En d'autres termes, France 2 et France 3 feraient dans cette affaire un « gros effort » financier. L'effort en question est, en pratique, difficile à vérifier et mes questions à France Télévisions sont restées sans réponse…

Ce qui est avéré en revanche, c'est l'inflation des sommes réclamées par l'entreprise publique depuis le début des années 2000. Les comptes de l'AFM parlent en effet de 1,2 million d'euros en 2001, de 1,6 million d'euros en 2006 et de 1,8 million, donc, pour l'édition 2008. Bilan : plus de 50 % d'augmentation en sept ans. La participation de l'association, il est vrai, a peu évolué pendant la décennie précédente. Le contenu télévisuel du Téléthon s'étant enrichi, notamment pour donner davantage d'écho aux manifestations locales, l'effet de « rattrapage » était inévitable.

En outre, plusieurs chaînes du groupe France Télévisions participent à l'événement depuis 2006. France 3 prend le relais de France 2 sur certaines plages horaires, alors que cette dernière était seule en piste les années précédentes. Mais quelles qu'en soient les raisons, cette hausse des coûts de diffusion pose problème. Car l'époque où les dons progressaient régulièrement, voire fortement certaines années, est révolue.

La participation réclamée par France Télévisions n'est pas seule en cause. Événement d'ampleur nationale, le Téléthon exige une organisation quasi militaire. Le Lions Club se charge ainsi bénévolement de recevoir les appels au 36 37. Les promesses de dons sont enregistrées manuellement, triées par des postiers, eux aussi bénévoles pendant les deux nuits du Téléthon, puis envoyées par courrier aux donateurs.

C'est alors seulement que ces derniers mettent la main au portefeuille et concrétisent leur promesse, faite pendant l'émission ou peu après. Mais auparavant, l'AFM doit sortir son chéquier pour payer l'affranchissement des courriers envoyés à tous ceux qui se sont engagés à donner. Malgré les nombreux bénévoles impliqués, cette organisation a donc un coût. Et même si La Poste consent un rabais (- 15 % par exemple en 2001), le budget s'élevait tout de même à 1,3 million d'euros en 2007. Curieusement, ce chiffre ne figure plus dans les comptes 2008 de l'association. On ne sait pas plus combien de promesses de dons furent traitées cette année-là (il y en avait 1 137 000 en 2007). Cela dit, il est peu probable que les coûts d'affranchissement aient reculé.

Étape suivante : la collecte et le traitement des chèques, leur dépôt en banque et l'édition des reçus permettant aux donateurs de bénéficier de la déduction fiscale. Ces tâches sont assurées par Pages jaunes marketing services (PJMS), filiale du groupe Pages jaunes spécialisée dans la gestion de mailings et l'exploitation de fichiers clients.

Contrairement aux idées reçues, le groupe Pages jaunes ne fait plus partie de France Télécom depuis 2006, même s'il continue d'éditer les annuaires papier. Il est désormais contrôlé par le fonds d'investissement américain KKR (Kohlberg Kravis Roberts & Co). Les comptes de l'AFM parlent de 1,3 million d'euros dédiés au traitement des dons du Téléthon 2008. Une somme dont PJMS est l'un des principaux bénéficiaires.

Il faut encore y ajouter les frais de personnel assumés directement par l'AFM pour organiser l'événement (2,4 millions d'euros), les coûts d'impression de documents, les frais d'assurance et de sous-traitance au niveau national et local, le coût de fonctionnement téléphonique des centres d'appel du 36 37, les frais de déplacement des coordinateurs et salariés, etc. Au total, pas moins de 13 millions d'euros furent dépensés en 2008 à l'occasion du Téléthon. Ces « frais de collecte », pour reprendre leur dénomination officielle, représentaient 12,4 % des dons enregistrés. Le pourcentage n'est pas exorbitant en lui-même. Il revient à dire que 87,6 % des dons sont réellement utilisables par l'AFM. Mais d'autres associations au budget comparable font mieux : elles parviennent à maintenir leurs frais de collecte nettement en deçà des 10 %. Et à cette échelle, chaque pourcentage en plus ou en moins se chiffre en millions d'euros... L'AFM contourne le problème à sa façon : elle compare ses frais, non pas aux sommes effectivement recueillies mais au total des emplois, c'est-à-dire au total des dépenses. Or, ces dépenses sont toujours supérieures aux dons issus du Téléthon : l'association, en effet, a d'autres ressources, en particulier des subventions liées à ses établissements de soins. Comparer les frais de collecte au total des dépenses, c'est donc choisir une base de calcul plus large pour réduire le pourcentage. En clair, l'association minimise ses frais de collecte par un artifice comptable.

Le site Internet de l'AFM, ses rapports annuels présentent toujours cette vision favorable des chiffres : « Pour 100 euros que nous employons, 82,10 euros vont à nos missions, 10,80 euros aux frais de collecte », etc. Mais les faits sont têtus. Et même avec ce tour de passe-passe, l'AFM ne parvient plus désormais à se maintenir sous la barre des 10 %. Car les dépenses de collecte liées au Téléthon, déjà importantes au départ, ne cessent de progresser. Elles ont augmenté de 9 % entre 2007 et 2008. Les déclarations d'intention – « tous nos efforts visent à réduire ces frais », jure le rapport annuel – sont donc sans effet pour le moment : malgré les sommes considérables qu'il draine, le Téléthon est un événement coûteux, de plus en plus coûteux...

A nouveau, ce sont sa taille et sa nature même qui posent problème. Avec le Téléthon, tout est plus grand, plus rapide et plus spectaculaire qu'ailleurs. Cette taille et cette rapidité devraient en principe entraîner des économies d'échelle. Ramené à l'unité, le coût d'impression d'un guide de bonnes pratiques est, par exemple, moins élevé pour 22 000 manifestations locales que pour 5 000 ; collecter 100 millions d'euros en un week-end devrait être financièrement plus efficace qu'une campagne étalée sur six mois. Pourtant, l'inverse se produit. Non seulement les frais de collecte sont plus élevés à l'AFM qu'ailleurs, mais ils montent en puissance depuis le début des années 2000. Entre 2000 et 2008, ils ont ainsi bondi de 75 % alors que les dons progressaient dans le même temps de 32 % seulement.

Les frais de personnel liés au Téléthon sont en partie responsables de cette envolée : entre 2006 et 2008, ils ont progressé de près de 24 %. L'AFM justifia longtemps ces augmentations de la masse salariale par le développement des manifestations locales liées au Téléthon. La Force T fut perçue dans les années 1990 comme un mode de collecte complémentaire aux appels téléphoniques reçus pendant l'émission. En mobilisant les bonnes volontés partout en France, croyait-on, une collecte de terrain plus pérenne, moins sensible aux aléas de l'audimat se développerait. On toucherait en outre un public de donateurs plus large, notamment les allergiques au « grand barnum cathodique ».

Ce pari s'est un temps vérifié : entre 1994 et 2001, la collecte de la Force T a plus que doublé, passant de 13 à 32 millions d'euros. Elle a permis au Téléthon de battre, année après année, ses propres records. Pour parvenir à ce résultat, il a fallu former et motiver les bénévoles, sécuriser la collecte, gérer les relations avec les associations locales. Autrement dit embaucher : l'effectif salarié de l'AFM est passé de 266 personnes, fin 1994 à 455 personnes, fin 2001. Malheureusement, la situation changea assez radicalement sur la période suivante : à partir de 2001, la Force T continua à jouer son rôle, mais sa progression fut nettement moins impressionnante (29 % de collecte en plus entre 2001 et

2008). Et que dire des trois dernières éditions, qui ont vu la collecte, en général, et celle des manifestations locales, en particulier, reculer ou stagner ? Résultat : avec plus de 560 salariés, la masse salariale représente aujourd'hui pour l'AFM une charge plus lourde à supporter que jamais.

Les frais de personnel, il est vrai, constituent depuis toujours un sujet sensible au sein de l'association. Même lorsqu'ils ne sont pas directement liés au Téléthon. Depuis que l'exige la législation, les rapports annuels mentionnent les rémunérations des plus hauts cadres dirigeants. Il faut chercher un peu, éplucher le volet « finances » du rapport pour mettre le doigt sur ces informations. Son mandat de présidente a ainsi rapporté à Laurence Tiennot-Herment 69 880 euros bruts en 2008, plus 2 531 euros d'avantages en nature, via la mise à disposition d'un véhicule.

Ramené au mois, cela donne un salaire brut de 5 823 euros. La somme est certes bien supérieure au revenu moyen des Français, mais semble conforme aux responsabilités endossées. Quant à savoir si la présidente élue, et en principe bénévole, d'une association à but non lucratif peut être rémunérée, le législateur a tranché la question en 2002 : il a autorisé, sous certaines conditions, le statut contradictoire de « bénévole rémunéré » (voir chapitre 6). On peut le regretter, mais c'est ainsi…

Plus surprenante encore est la somme totale allouée aux trois plus hauts cadres dirigeants de l'association. En cumulant salaires, primes et avantages en nature, on arrive à 315 037 euros en 2008. Cela donne une rémunération moyenne mensuelle de 8 751 euros… Le document ne cite pas nommément les responsables en question ni leur fonction. Mais une chose est sûre : l'AFM est généreuse avec ses salariés et, plus particulièrement, avec ses cadres. Le rapport annuel 2007 mentionnait ainsi la moyenne des dix salaires les plus élevés de l'association : 7 578 euros bruts par mois. C'est moins que les trois plus hauts dirigeants cités plus haut, mais à peine. Et si l'on élargit aux 552 salariés recensés fin 2007, on trouve 2 996 euros brut mensuel. Voilà qui ravirait bien des employés du secteur marchand…

Ces largesses salariales sont totalement assumées par l'AFM. Ses dirigeants parlent de « politique volontariste destinée à attirer les meilleures compétences, à les développer et à les pérenniser ». Une étude fut même confiée en 2007 à Towers Perrin, cabinet spécialisé dans la gestion des ressources humaines. Son objectif : comparer la rémunération des cadres de l'AFM à ceux des secteurs associatif et privé (sciences de la vie, paramédical, services, etc.) dans leur ensemble. Les salaires versés se situeraient ainsi « entre la médiane et le haut du marché associatif ». Rien de choquant, donc, à première vue.

Mais n'est-on pas en droit d'attendre un peu plus de modération d'une association vivant de la générosité du public ? Doit-elle vraiment se comparer aux secteurs pharmaceutique et médical ? Enfin, et surtout, l'argent est-il le seul argument d'un organisme en guerre contre la maladie pour attirer à lui les meilleures compétences ? Il est permis d'en douter… Tout comme il est permis de s'interroger sur des dirigeants qui, d'un côté, perçoivent une rémunération et, de l'autre, mettent régulièrement en avant leur statut de parents de malades, laissant ainsi croire au bénévolat.

Déjà, en 2004, la Cour des comptes s'inquiétait des rémunérations versées par l'AFM à ses cadres dirigeants. Déjà, elle s'étonnait de niveaux de salaires bruts dépassant les 100 000 euros annuel. Sans oublier les avantages en nature, fréquents et apparemment peu contrôlés jusqu'au début des années 2000. À cette époque, un cadre issu de la fonction publique aurait bénéficié d'un logement de fonction loué par l'AFM dans l'enceinte de l'hôpital de la Pitié-Salpêtrière, à Paris. Cet avantage en nature aurait été, selon les magistrats, déclaré au tiers de sa valeur pour éviter au cadre concerné les contraintes légales liées au statut de fonctionnaire détaché.

Le second cas fut cité dans la presse peu après la sortie du rapport de la Cour des comptes. Il concerne la directrice générale de l'AFM en poste de 1991 à 1998. Cette fois, une maison située à Évry, dans l'Essonne, est en cause. Elle fut achetée tout spécialement par l'AFM en 1991, pour un montant de 256 000 euros. L'association justifia à l'époque cet investissement par la nécessité pour la directrice générale de résider à proximité du siège « en cette période de forte croissance de l'activité ». Les salariés victimes de plans sociaux, contraints de changer brutalement de domicile ou de chercher un nouvel emploi, apprécieront…

Revendue en 2003, cette maison n'a jamais figuré au chapitre « patrimoine immobilier » du rapport annuel de l'association. Les donateurs n'ont donc connu ni son existence, ni son coût. En outre, diverses dépenses, normalement dévolues à ses occupants, furent assumées par l'AFM : équipement en meubles, communications téléphoniques, frais de ménage, entretien du jardin, etc. Bilan de l'opération : plus de 83 000 euros d'avantages en nature… « déclarés comme tels au fisc » et « intégrés dans la rémunération » de la directrice générale selon l'AFM. Mais qui seraient sans doute mieux utilisés ailleurs.

Le dernier cas, enfin, est un grand classique du genre : le recours immodéré aux frais de déplacement et de restauration. Alors qu'aucune règle n'existait avant 1998, les procédures et plafonds imposés cette année-là n'ont pas été respectés par tous les salariés. L'un des cadres dirigeants de l'association aurait ainsi, entre 1999 et 2001, fait un usage quasi quotidien du taxi dans Paris et sa région, malgré le véhicule de fonction dont il disposait. Ses notes de frais affichaient de très nombreux repas pris au restaurant, parfois pour six convives. Et lors de ses fréquents voyages aux États-Unis, l'AFM lui aurait remboursé des frais de location de vidéos et jusqu'à plusieurs dizaines d'appels téléphoniques quotidiens vers la France.

Peu de temps après, l'un de ses collègues en mission à Papeete, sur l'île de Tahiti, aurait agréablement mis à profit son déplacement dans ce territoire, centré initialement sur la création d'une banque d'ADN. Parti passer un samedi et un dimanche sur l'île de Bora Bora, à 260 km de là, il aurait fait supporter à l'association le trajet en avion, ainsi que les frais d'hébergement et de restauration !

Bien sûr, ces événements sont anciens. Et la somme de ces « écarts » représente bien peu par rapport au budget global de l'association. Rien à voir avec les dizaines de millions de francs détournés à la même époque par Jacques Crozemarie, le président de l'Association pour la recherche sur le cancer (ARC), destitué en 1996 puis traduit devant la justice en 1999. Dans sa réponse aux observations de la Cour des comptes, l'AFM justifie d'ailleurs sans réserve l'utilité de ces dépenses.

Le déplacement à Bora Bora ? Il visait à rencontrer la représentante des malades de l'île, dont l'isolement posait de gros problèmes de suivi médical. Les notes de restaurant du premier responsable et ses dépenses variées aux États-Unis ? Des frais de représentation « loin d'être excessifs » au regard des missions poursuivies : recherche de partenaires locaux, rencontres avec les chercheurs, relations avec les associations de malades américaines.

Pourtant, comment ne pas éprouver un léger doute ? Symptomatiques d'une époque, ces pratiques n'étaient peut-être pas aussi anodines que l'a prétendu la direction de l'AFM. Et seul un nouveau contrôle approfondi garantirait qu'elles ont totalement disparu. En attendant, d'autres zones d'ombre subsistent dans la gestion de l'association. Elles ne concernent cette fois ni les salaires ni les notes de frais et autres avantages en nature.

Au détour d'un paragraphe, le rapport annuel nous apprend ainsi que l'association consacre une part minoritaire mais significative de ses « emplois », c'est-à-dire de ses dépenses d'activité, à la communication. Ces frais n'ont rien à voir avec le Téléthon : ils concernent diverses actions destinées à sensibiliser le public aux missions de l'association et à la cause des malades. Ces dépenses ont atteint 2,7 millions d'euros en 2008 mais leur évolution est difficile à mesurer : leur mode de calcul a changé à plusieurs reprises dans l'histoire de l'association. On y trouve notamment les frais de personnel du service communication, les frais de conception, d'élaboration et de diffusion de la revue VLM (Vaincre les myopathies), l'impression de plaquettes ou encore les dépenses liées à un centre de conférences « maison » : le Génocentre.

Construit en 2001 et cofinancé par l'AFM, le département de l'Essonne et la région Île-de-France, ce vaste bâtiment de 5 700 m^2 est situé à Évry (Essonne). Il jouxte le siège de l'association. Son amphithéâtre peut accueillir 700 personnes. Sept salons de taille plus modeste complètent le dispositif. Un équipement de grande envergure, donc, que l'on doit surtout à Bernard Barataud. Président de l'AFM jusqu'en 2001, ce bouillant personnage fut l'un des pères du Téléthon. Il s'est beaucoup mobilisé pour la recherche génétique, dès la fin des années 1980.

Comme les infrastructures faisaient défaut, l'homme concentra ses efforts sur Évry, ville où il habita longtemps. Présent sur tous les fronts, n'hésitant pas à interpeller élus et chefs d'entreprise locaux, il parvint à imposer l'idée d'une sorte de « Silicon Valley » du gène dans la préfecture de l'Essonne. Le Génocentre en est l'une des émanations. Il fut conçu pour les chercheurs et entreprises du secteur mais aussi pour les malades. Objectif : organiser colloques, congrès ou journées d'information dans les meilleures conditions.

Le site a effectivement rempli sa mission : l'AFM y organise des journées cliniques où médecins et chercheurs font le point sur leurs travaux, des rencontres techniques entre fabricants d'équipements, kinésithérapeutes et ergothérapeutes. Une antenne du 36 37, chargée de recevoir les appels des donateurs, y fut également installée lors du Téléthon 2007. Sans oublier des événements de portée plus générale, tel ce débat public organisé en janvier 2008 sur les cellules souches embryonnaires, les espoirs et les craintes suscités par la recherche.

Problème : toutes ces rencontres, liées de près ou de loin à la maladie, n'occupent pas le Génocentre douze mois sur douze. D'autant que la taille inadaptée du site pousse parfois l'AFM à utiliser d'autres lieux. Exemple : le Congrès international de myologie, organisé en mai 2008 à Marseille. Pour tenter d'équilibrer ses comptes, le Génocentre doit donc louer ses espaces à des entreprises extérieures. Avec succès, semble-t-il, puisqu'Air France, Arianespace, le groupe Safran ou Picard surgelés figurent parmi ses clients. Malgré tout, l'exploitation du site demeure déficitaire : les pertes supportées par l'AFM s'élevaient à 455 000 euros en 2006, à 677 000 euros en 2007 et à 561 000 euros en 2008. Au total, l'association a dû débourser la bagatelle de 1,7 million d'euros sur ces trois derniers exercices.

Une autre stratégie consistant à recourir à des salles louées, voire prêtées, éviterait à l'évidence ce genre de désagrément. Mais à l'AFM, on préfère souvent faire les choses soi-même et, si possible, en grand. « Au départ, l'idée était de créer, sur Évry, un campus à l'américaine où se côtoieraient chercheurs, étudiants, médecins, se souvient Éric Molinié, trésorier de l'association de 1988 à 1998, directeur général de 1999 à 2001, puis président entre 2001 et 2003. Le Génocentre était l'un des volets de ce projet. Il devait permettre aux scientifiques d'échanger leurs connaissances et d'annoncer leurs découvertes quasiment depuis leurs laboratoires. Nous pensions à l'époque assurer son lancement et sa gestion pendant quelques années, puis transférer cette charge au département de l'Essonne. Il fallait que l'AFM soit maître d'ouvrage au départ, pour aller vite. »

Ancien élève de l'École des hautes études commerciales (HEC), l'homme est aujourd'hui conseiller économique chez EDF. Il était mieux placé que quiconque pour comprendre et défendre la cause des malades à la tête de l'AFM : myopathe lui-même, il se déplace dans un fauteuil électrique. Cela n'a pas empêché le conseil d'administration de le pousser vers la sortie, en 2003. Motif invoqué : une stratégie « dictée par des critères financiers », ne prenant pas suffisamment en compte le sort des malades.

Lorsque je le rencontre, Éric Molinié accepte pour la première fois de revenir sur cette période. Il parle sans amertume, mais souhaite tout de même rétablir quelques vérités. Dans le cas du Génocentre, la rigueur financière qui lui fut reprochée en 2003 fait aujourd'hui cruellement défaut : le transfert annoncé au département n'a pas eu lieu, et le bâtiment est toujours géré en direct et à grands frais par l'AFM.

Le Génocentre a bien failli coûter davantage encore à l'association. En 2005, cette dernière subit en effet un contrôle fiscal. L'Administration contesta des déductions de TVA sur des dépenses effectuées entre 1999 et 2003 : les frais de construction et d'agencement du fameux Génocentre mais aussi les services facturés par France Télévisions pour l'organisation du Téléthon. Cette année-là, l'AFM dut provisionner la somme de 1,6 million d'euros pour être en mesure, si nécessaire, de régler ces arriérés de TVA en totalité

Parallèlement, elle s'engagea sur le long et difficile chemin des recours légaux. Sa stratégie consistait à accepter les rappels de taxes relatifs au Génocentre et à contester ceux liés au Téléthon, de loin les plus importants. Mais le fisc ne voulait rien savoir. Il fallut donc multiplier tractations, échanges de courriers et démarches en tous genres. Quels arguments furent alors utilisés ? Quels « appuis » éventuels furent mobilisés ? Difficile à dire… « Je ne suis intervenue personnellement ni auprès des contrôleurs ni auprès de leurs supérieurs », jure, la main sur le cœur, Laurence Tiennot-Herment. La même Laurence Tiennot-Herment qui, sur le site de l'AFM, apparaît régulièrement en compagnie des hôtes successifs de l'Élysée… La méthode, en tout cas, s'est avérée payante : dans un courrier du 6 février 2007, le fisc abandonnait la totalité de ses exigences, tant au sujet du Téléthon que du Génocentre. Un geste surprenant, inespéré même, de la part d'une administration dont la réputation de ténacité n'est plus à faire. D'autant plus surprenant que l'AFM, dans un premier temps, avait accepté d'acquitter une partie des arriérés. « Si le fisc est revenu sur sa décision, c'est grâce à l'opiniâtreté et aux compétences des salariés qui ont géré ce dossier à l'AFM », assure aujourd'hui la présidente. Un brin légère l'explication !

Cette mésaventure fiscale aurait pu se terminer nettement plus mal et venir grever, une nouvelle fois, les comptes de l'association. L'affaire illustre un mode de gestion que l'on peut qualifier, au choix, d'audacieux ou d'aventureux, et qui caractérise bien des actions de l'AFM. Souvent dans le passé, l'organisme a dû prendre des risques, bousculer les règles et les habitudes pour faire avancer sa cause. Souvent aussi, il a dû monter ses projets lui-même, parce que le sort de quelques milliers d'enfants atteints de maladies incurables n'était prioritaire ni pour les pouvoirs publics ni pour les laboratoires pharmaceutiques.

Ce volontarisme, nourri d'une révolte compréhensible face à l'immobilisme ambiant, prouva souvent son efficacité. Mais l'afflux d'argent aidant, il entraîna d'inévitables gaspillages, dont les déboires financiers du Génocentre ne sont qu'un exemple. Il conduit aussi à des décisions surprenantes, plus proches du comportement d'une entreprise privée que d'une association vivant de la générosité des Français.

Dans ce registre, une pratique fit un jour, paraît-il, s'étrangler de stupeur un contrôleur du ministère de l'Intérieur. Venu s'assurer de la régularité de ses agissements, l'homme s'aperçut que l'AFM ne se contentait pas de créer ses propres structures de recherche ou de verser des subventions aux laboratoires existants. Elle prenait également des participations dans des sociétés privées, via l'achat d'actions. Pour une association à but non lucratif, reconnue d'utilité publique, cela fait un peu désordre…

À y regarder de plus près, les sociétés en question ont un rapport direct avec les maladies combattues par l'AFM. Transgène S.A. œuvrait entre autres pour la mise au point de thérapies appliquées à la myopathie de Duchenne. Trophos cherche des molécules susceptibles de traiter l'amyotrophie spinale infantile.

Cellgène Inc., enfin, est une société canadienne qui s'intéresse aux greffes de myoblastes, les cellules souches présentes dans l'embryon, à l'origine de la formation des muscles.

Ces prises de participation n'ont donc, à première vue, rien d'incongru. Elles permettent à l'AFM de financer la recherche autrement que par des subventions ou des avances remboursables – deux pratiques également utilisées –, et d'espérer faire fructifier un jour les sommes investies. « Notre présence au capital est toujours minoritaire, commente Laurence Tiennot-Herment. Elle nous permet d'être régulièrement informés des avancées et des orientations, et de donner notre avis lorsque quelque chose ne nous convient pas. » Éric Molinié, lui, estime « qu'une prise de participation est légitime lorsque les travaux qu'elle finance peuvent aboutir à un médicament commercialisable. De plus, elle est toujours plus intéressante sur le plan financier. Au mieux, l'association réalise une plus-value à la revente ; au pire, elle ne récupère qu'une partie du capital investi. Mais cela vaut toujours mieux qu'une subvention qui, elle, est perdue quoi qu'il arrive ». Une saine gestion des sommes récoltées auprès des donateurs, en somme… À condition toutefois de vendre ses parts au bon moment, c'est-à-dire quand le programme de recherche s'achève. Et Éric Molinié de citer le cas de Genset, autre société ayant fait l'objet d'une prise de participation dans les années 1990. Les actions en question ont été revendues au début des années 2000, avec une plus-value d'environ 30 millions de francs de l'époque (4,6 millions d'euros). « Cette somme a été intégralement réinvestie dans la recherche », précise l'ex-président de l'AFM.

D'autres exemples sont moins probants. Transgène, par exemple, est cotée en Bourse et contrôlée par le groupe pharmaceutique Mérieux, son actionnaire majoritaire. Les sommes investies par l'AFM, pour importantes qu'elles soient, ne lui permettent pas d'influer réellement sur la gestion de l'entreprise. La participation de l'association représente un investissement initial de 4,1 millions d'euros, mais seulement 1 % du capital de Transgène. Comment, avec un tel pourcentage, espérer peser sur le cours des événements ?

L'AFM a également « prêté » 3 millions d'euros à Transgène, remboursables en cas de mise sur le marché, avant fin 2013, d'un traitement contre la myopathie de Duchenne. Enfin, l'association a accordé 21,7 millions d'euros de subventions à l'entreprise entre 1992 et 2001, sans aucune contrepartie !

Ces soutiens financiers massifs n'ont pas empêché Transgène de se désengager progressivement des maladies neuromusculaires à partir de 2005, pour recentrer ses activités sur le cancer et les maladies infectieuses. Ce revirement stratégique, typique d'une entreprise commerciale cotée en Bourse, a obligé l'AFM a reprendre seule les travaux laissés en plan.

Autre conséquence : l'avance de 3 millions d'euros consentie à Transgène ne sera jamais remboursée. Et l'association détient toujours 1 % du capital de l'entreprise, dont elle ne sait visiblement que faire : le cours de l'action ayant reculé en 2008, elle ne s'est pas encore résolue à vendre. Ce placement est devenu inutile pour l'AFM d'un point de vue scientifique et préjudiciable au plan financier. L'association doit passer des « provisions pour dépréciations », c'est-à-dire constater dans ses comptes la fonte progressive de ses avoirs. Rien que pour Transgène, les provisions de 2008 s'élevaient à 2,1 millions d'euros, avance remboursable comprise. Et, toutes sociétés confondues, elles atteignaient 10,9 millions. Avec un seul espoir : récupérer une partie de ces fonds un jour, si les entreprises concernées retrouvent des couleurs en Bourse. Les joies du statut d'actionnaire minoritaire, en somme…

Mais il n'y a pas que Transgène et ses semblables. Plus éloignée des missions traditionnelles d'une association de malades : la société AFM Productions, détenue cette fois à 100 % par l'AFM. Elle réalise des films d'information et de sensibilisation destinés au grand public ou aux malades et à leur famille. Tout commence en 1997 avec un documentaire baptisé *L'audace d'y croire*. Capital pour les responsables de l'époque, ce film détaillant les actions de l'association devait être, selon eux, maîtrisé de bout en bout, dans sa forme comme dans son contenu. Ils décidèrent donc de le produire en interne et de créer à cette fin une structure ad hoc. Volontarisme et indépendance, encore et toujours…

AFM Productions réalisa ensuite des documents sur différents programmes de recherche et sur la vie quotidienne des malades. Il s'agissait cette fois d'aider leurs familles dans des domaines très concrets : alimentation, trachéotomie, perte de la marche, sexualité, etc. Était-il indispensable de créer une société pour réaliser ces films ? « Oui », répond aujourd'hui l'AFM, pour qui leur niveau de qualité et la totale maîtrise des images souhaitée seraient difficiles à obtenir avec des prestataires extérieurs. « Nos sujets sont très compliqués, ils demandent un fort investissement en temps et un prestataire peut difficilement s'en rendre compte au moment de l'appel d'offre », insiste-t-on au siège de l'association. Compte tenu du nombre de sociétés audiovisuelles présentes sur le marché, dont certaines très spécialisées, il est cependant permis d'en douter…

Mais l'AFM n'en a cure : le risque ne lui fait pas peur et elle préfère prendre son destin en main, quoi qu'il en coûte. De l'audace, toujours de l'audace ! Exemple emblématique à plus d'un titre, le Téléthon résume cette façon de penser. Jusqu'à présent, il a toujours plus ou moins rempli sa fonction de pourvoyeur de fonds quasi unique. Mais à quel prix ! En vingt ans, les frais d'organisation ont explosé et il faut faire chaque fois davantage d'efforts pour approcher le score de l'année précédente. Doit-on pour autant le jeter aux orties, comme le suggéraient les blogueurs de « gueulante.fr » ? Peut-être pas. Mais, sans doute, est-il temps de faire preuve d'un peu plus de prudence, notamment en diversifiant les ressources de l'AFM.

Lorsqu'on leur soumet cette idée ou que l'on se risque à critiquer certains aspects du Téléthon, les dirigeants de l'association ont une réponse toute prête : ils sont les parents d'enfants en sursis ou déjà morts. L'urgence de leur situation les pousse à agir vite, à refuser la fatalité. Difficile, ensuite, de formuler une quelconque objection… « L'AFM fait partie de ces organismes où l'on mêle constamment situation personnelle et responsabilités associatives, observe ce bon connaisseur du secteur. Cette implication des malades et de leurs parents est cruciale, bien sûr. Sans elle, il serait impossible de collecter 100 millions d'euros par an et de bousculer, à ce point, la communauté scientifique. Mais elle a son revers : fonctionnant en vase clos, les instances ont du mal à accepter les remises en question. »

Les dirigeants eux-mêmes ont fini par en prendre conscience : début 2008, ils ont mené une vaste consultation censée redéfinir la stratégie de l'association pour les quatre ans à venir. Le plan « AFM 2012 » a confirmé la nécessité de développer de nouvelles ressources en dehors du Téléthon. Parmi les pistes envisagées : multiplier les partenariats avec le secteur public (après des années de politique « zéro subvention »), mieux valoriser les brevets et licences liés à la recherche ou, encore, travailler

« en profondeur » le fichier des donateurs et notamment des plus gros d'entre eux. Une mission moins spectaculaire que les grands-messes médiatiques, mais prometteuse. Elle permettra peut-être de réduire les – grosses – dépenses de l'AFM : en 2008, 24,3 millions d'euros sont allés aux frais de collecte, de gestion et de communication, plutôt qu'à la recherche ou à l'aide aux malades. Cela n'a rien de scandaleux. Mais on peut faire mieux. Et peut-être beaucoup mieux…

Chapitre 5

À BOIRE ET À MANGER

Véronique Colucci, née Kantor. Mariée à Michel Colucci, dit Coluche, le 16 octobre 1975. Divorcée en décembre 1981. A présidé l'association Les Restaurants du cœur à deux reprises, en 1988 puis de 1998 à 2002. Occupe encore aujourd'hui la fonction d'administratrice au sein de cette association.

Certains l'admirent, d'autres contestent son action. Mais tous ceux qui l'ont côtoyée sont à peu près d'accord sur un point : Véronique Colucci est une femme au caractère bien trempé. Tenace, elle n'hésite pas à faire valoir ses droits devant la justice. Je la rencontre au siège des « Restos », rue d'Athènes à Paris. Assez vite, l'entretien s'oriente sur ses démêlés passés avec la presse.

Elle me fournit le jugement d'un procès intenté contre le journal *Le Parisien*. Dans un article publié en mai 2003, le quotidien critiquait avec virulence la gestion de l'organisme et le rôle joué par Véronique Colucci. « Je suis tombée de ma chaise en le lisant, se souvient-elle. On m'avait demandé, quelques années plus tôt, de me présenter à la présidence à cause d'agissements douteux repérés au siège des Restos, et je me retrouvais tout à coup en position d'accusée ! »

Elle conclut en se disant « très à l'aise avec cette période » : toutes les attaques dont elle a fait l'objet ont donné lieu à des rectifications, et tous les procès intentés par elle-même ou les Restos du cœur ont été gagnés. L'action contre *Le Parisien*, par exemple, fut perdue en première instance, mais gagnée en appel en mars 2006. Me voilà prévenu ! Quant aux faits évoqués dans l'article, certains se sont déroulés au début de sa seconde présidence, en 1998. « Je ne vois aucun intérêt à ressortir ces vieilles lunes, plaide Véronique Colucci, alors que je tente d'en savoir un peu plus. Les bénévoles actuels ne connaissent même pas les noms des personnes en poste à cette époque. Ce qui m'importe, c'est le sort de l'association, et nous n'avons aucun intérêt à raviver ces mauvais souvenirs. Il y a d'autres enjeux beaucoup plus importants, surtout dans la période troublée que nous traversons. »

S'ensuivent d'âpres négociations au cours desquelles l'ex-présidente évoque ses déboires avec plusieurs de mes confrères journalistes. Certains, me dit-elle, ont dû reconnaître publiquement leurs erreurs, et ce n'était pourtant pas d'« obscurs gratte-papier ». Elle menace, à plusieurs reprises, de mettre fin à l'entretien mais finit par accepter de répondre à mes questions, moyennant de ma part une substantielle concession : la possibilité pour elle de relire ses citations et le contexte dans lequel elles sont placées. Condition qui révèle des relations complexes, teintées de méfiance, avec la presse, à l'image de celles qu'entretenait déjà Coluche de son vivant. Qu'en est-il vraiment de cette période où Véronique Colucci était aux manettes et pourquoi répugne-t-elle à l'évoquer ? A-t-elle eu des conséquences sur la gestion des Restos du cœur ?

Explique-t-elle pour partie le visage actuel de l'association ? Pour le savoir, un retour en arrière s'impose.

Nous sommes à la fin des années 1990. Coluche n'est plus de ce monde depuis une dizaine d'années déjà ; précisément depuis ce 19 juin 1986 où, quelque part entre Cannes et Opio, sur l'une de ces routes sinueuses du sud-est de la France, sa moto percuta un camion en pleine manœuvre.

Les sketches de l'humoriste, ses bons mots sont dans toutes les mémoires. Son irrévérence aussi, qui suscite encore et toujours les mêmes commentaires chargés de regrets. « Coluche nous manque ! », « Personne ne l'a remplacé ! », s'épanchent ses admirateurs dès qu'un micro leur est tendu. Nostalgie d'un public meurtri, qui voyait en lui un bouffon génial autant qu'un porte-parole ? Sans doute… mais il y a autre chose. Les Restos du cœur, sa dernière œuvre, ont donné une autre dimension au personnage. Ils ont permis la construction d'une légende, consacrée comme souvent par une mort prématurée, à l'âge de 41 ans. Pour tous, il est désormais le « clown au grand cœur », capable d'abandonner un temps le calembour pour se mettre entièrement au service des démunis.

Ce saint patronage laïque est pour beaucoup dans le développement phénoménal des Restos. Certes, le besoin ne s'est jamais démenti : la pauvreté n'a fait que croître dans la France des années 1990. Mais il eut été difficile d'y répondre avec une telle ampleur sans l'aura de l'humoriste et l'émotion suscitée par son décès. Résultat en cette fin d'année 1998 : les Restos du cœur sont l'une des toutes premières organisations humanitaires françaises. Ils regroupent 102 associations départementales, animées par plusieurs dizaines de milliers de bénévoles.

La campagne achevée quelques mois plus tôt, en avril, a permis de distribuer 59 millions de paniers-repas dans tout l'Hexagone.

Côté finances, le mouvement brasse pas moins de 368 millions de francs, soit 56 millions d'euros de ressources annuelles. Son développement ne s'arrêtera plus : l'association distribue aujourd'hui 91 millions de repas pour 129 millions d'euros de ressources annuelles. On est loin des 8,5 millions de repas et des 5 000 bénévoles de la première et unique campagne orchestrée par Coluche, pendant l'hiver 1985-1986…

Or, c'est cette taille, justement, qui pose problème en cette fin des années 1990. Mobiliser chaque année des dizaines de milliers de bénévoles, approvisionner les centres de distribution en limitant les gaspillages, gérer sans accroc plusieurs dizaines de millions d'euros exige des compétences pointues. La bonne volonté des bénévoles, manifeste, ne suffit pas toujours… De plus, la distribution massive de repas a mis les Restos face à leurs responsabilités. Comment apporter une réponse unique lorsque l'on a en face de soi des situations complexes, toutes différentes ? Comment se contenter de « remplir les estomacs » quand les besoins s'additionnent et s'enchevêtrent ?

Des actions d'insertion ont donc assez vite complété l'aide alimentaire. Dès 1990, les Relais du cœur ont été créés pour écouter les bénéficiaires, identifier leurs difficultés et les aider dans leurs démarches. L'étape suivante fut franchie deux ans plus tard avec les Ateliers et jardins du cœur, qui visaient à réapprendre aux bénéficiaires des « gestes et habitudes de travail dans un contexte moins contraignant que l'entreprise ». Il restait à assurer leur hébergement, ce qui fut fait à partir de 1995 avec, notamment, la Péniche du cœur, centre d'urgence amarré près de la gare d'Austerlitz, à Paris.

Des initiatives aussi nombreuses ne pouvaient rester sans conséquences. Et lorsque l'assemblée générale annuelle des Restos démarre, en octobre 1998, deux courants s'affrontent. Le premier est emmené par Francis Bour, l'un des pionniers qui secondèrent Coluche dans l'organisation de la première campagne. Francis Bour souhaite multiplier les actions d'insertion et encourager les associations départementales à faire de même. Il a créé, l'année précédente, une « filiale » des Restos censée piloter les projets et les soutenir financièrement : l'Association nationale d'insertion.

Face à lui, une ligne plus prudente est défendue par Marie Dumas, présidente en titre des Restos du cœur. Elle aussi figurait parmi les premiers compagnons de route de Coluche. Et avant cela, tout comme Francis Bour, elle faisait partie de la communauté paroissiale de l'église Saint-Merri, à Paris, engagée depuis longtemps aux côtés des sans-abri, des sans-papiers et des exclus de toute nature. C'est Henri Nallet, à l'époque ministre de l'Agriculture, qui avait conseillé à Coluche de faire appel à eux en 1985. Mais treize ans plus tard, l'ambiance n'est plus tout à fait la même entre les deux paroissiens.

« J'ai été parmi les premiers à prendre le virage de l'insertion en créant les Relais du cœur, déclare alors Marie Dumas dans les colonnes du *Monde*. Mais il ne faut pas prétendre pouvoir tout faire nous-mêmes en oubliant ce qui existe déjà. D'accord pour créer nos propres structures, mais uniquement là où les collectivités et les autres associations n'ont rien mis en place. » Et « uniquement là où nous en sommes capables », aurait-elle pu ajouter. Car la création de structures d'insertion autonomes, sous l'impulsion de Francis Bour, s'accompagne souvent de difficultés sur le terrain. Dans le Rhône, par exemple, un conflit ouvert vient d'éclater entre l'antenne existante des Restos et l'Association d'insertion nouvellement créée.

Marie Dumas est attachée à l'esprit originel des Restos. Elle voit d'un mauvais œil la transformation progressive de l'association en institution installée dans le paysage caritatif. Le discours anticonformiste et provocateur de Coluche, son refus du misérabilisme et de toute prise de position politique sont, pour elle, des valeurs clés, essentielles pour fédérer les bénévoles.

Ses « adversaires », au contraire, souhaitent sortir de leur réserve. Ils veulent pouvoir témoigner publiquement du développement de la misère en France, voire participer à des actions revendicatives comme celles que mène déjà, à l'époque, Droit au logement (DAL). Eux aussi se réclament de Coluche. Ils font valoir le souci de l'humoriste, dès 1986, de ne pas se limiter à la distribution de repas : un projet de bourse nationale des petits boulots dédiée aux chômeurs était, paraît-il, à l'étude peu de temps avant sa mort, comme le révèle le journaliste Philippe Boggio dans la biographie *Coluche, l'histoire d'un mec* (Éd. Flammarion).

Mais ce n'est pas tout. La question de l'insertion cache un autre débat plus terre à terre, qui divise profondément les deux camps : celui des malversations, soupçonnées ou avérées, à divers échelons de l'association. « Francis Bour était un homme intègre, se souvient Philippe Marescaux, entré aux Restos en 1990 et devenu secrétaire général en 1994. Mais sa priorité était de développer coûte que coûte l'association. Il n'a pas toujours pris les précautions nécessaires pour jauger les compétences ou la moralité des responsables départementaux qu'il mettait en place. »

Aujourd'hui totalement sorti de l'association, Philippe Marescaux en faisait encore partie à la fin des années 1990. Je le rencontre dans le hall d'un grand hôtel parisien, non loin de la gare Saint-Lazare. Personnage clé de cette période, il s'est opposé à la ligne défendue par Francis Bour en 1998 et a soutenu Marie

Dumas. Il m'indique avoir dû lui-même intervenir dans plusieurs départements – l'Oise et la Somme notamment – pour exclure discrètement des responsables indélicats : ils auraient détourné à leur profit l'argent des Restos du cœur. Il affirme également avoir milité, au sein du conseil d'administration, pour la réalisation d'un audit dans la totalité des structures départementales. Et ce, contre la volonté, semble-t-il, de Francis Bour.

Ce dernier craignait-il la mise au jour de nouvelles irrégularités ? A-t-il cherché à destituer l'équipe emmenée par Marie Dumas et empêcher ainsi la procédure de parvenir à son terme ? Difficile à dire. Disparu en 2007, il n'est plus là pour nous donner sa version des faits. Mais c'est bien son courant qui l'a emporté lors de l'assemblée générale d'octobre 1998, alors que Marie Dumas renonçait à briguer un nouveau mandat.

Pour parvenir à ce résultat, Francis Bour ne s'est pas personnellement mis en avant. Se sachant contesté, il ne s'est pas porté candidat à la succession de Marie Dumas. Il a suscité et soutenu une autre candidature, susceptible de rassembler un maximum de suffrages : celle de Véronique Colucci. À l'époque, celle-ci occupe un simple siège au conseil d'administration. C'est elle également qui organise les concerts et tournées des Enfoirés, retransmis à la télévision depuis 1989.

Tout change en 1998. Véronique Colucci prend les rênes d'une association divisée, affaiblie par les luttes de clans. Elle est la candidate de Francis Bour mais elle doit rassembler ses partisans et opposants pour remettre les Restos sur les rails. Et puis, il y a ces malversations auxquelles il est urgent de mettre fin, et sur lesquelles beaucoup de responsables, toutes tendances confondues, ont fermé les yeux. L'équation est complexe… Il faut procéder à des arbitrages forcément douloureux. On comprend mieux, dès lors, pourquoi l'ex-épouse de Coluche est peu à l'aise avec cette période. Ses hésitations d'aujourd'hui trahissent l'inconfort de ses choix d'hier.

« Francis Bour m'a demandé de me présenter à la présidence en 1998 parce qu'il soupçonnait des pratiques frauduleuses au siège de l'association, m'indique-t-elle. Il pensait que mon nom me donnerait l'autorité morale nécessaire pour y mettre fin, réformer en profondeur les Restos et instaurer de nouvelles procédures. » Et l'audit commandé quelques mois plus tôt par l'équipe précédente ? « C'était n'importe quoi, s'emporte Véronique Colucci. Cet audit a coûté une fortune pour rien, c'était de l'habillage et de la démagogie pure dont le seul but, pour ses instigateurs, était d'assurer leur mainmise sur l'association. »

En clair, la présidente nouvellement élue décide, fin 1998, de jouer la rupture. Elle choisit d'exclure les responsables de l'ancienne équipe qui, selon elle, auraient couvert les malversations et ne se seraient pas montrés à la hauteur de la situation. Philippe Marescaux est radié par le conseil d'administration en janvier 1999 pour « manquements à la charte des bénévoles ». Marie Dumas quitte l'association de sa propre initiative. Pour sa part, Olivier Berthe, un proche de Francis Bour, est nommé trésorier. Entré dans l'association à la fin des années 1980 comme simple bénévole, il a gravi un à un tous les échelons. Il succédera d'ailleurs à Véronique Colucci en 2003 et occupe toujours, aujourd'hui, la fonction de président.

Ce grand ménage a un avantage : disculper les dirigeants restés en poste quelles qu'aient été leurs responsabilités. Francis Bour a obtenu ce qu'il souhaitait : poursuivre son action dans l'insertion pendant quelques années encore – il est alors presque octogénaire –, puis prendre sa retraite sans que son nom soit entaché.

Blanchie, la nouvelle équipe peut entrer dans le vif du sujet et s'attaquer aux malversations elles-mêmes. À ce stade, il faut d'ailleurs lui reconnaître un mérite : avoir tout fait pour mettre les fraudeurs hors d'état de nuire et réformer l'association en profondeur.

Courant 1999, les nouveaux responsables s'attaquent aux anomalies comptables. Des vérifications bancaires sont demandées, et l'on découvre que ces problèmes sont le fait d'une seule et même personne, salariée du siège parisien de la rue d'Athènes. Travaillant au service « approvisionnements » chargé d'acheter puis d'acheminer les denrées alimentaires distribuées par les associations départementales, cette personne manipule de nombreuses factures émises par les fournisseurs. Elle a, semble-t-il, abusé de sa position à de nombreuses reprises entre 1994 et 1996, détournant plus de 165 000 euros au bénéfice de son conjoint. La procédure est assez simple : utiliser une facture déjà payée, éditer un nouveau « bon à payer », le faire signer par le trésorier et rédiger ensuite le chèque correspondant… sans mentionner le bénéficiaire ! Une fois ce chèque signé par le trésorier ou la présidente, il suffit de le mettre à l'ordre de son conjoint. Les faits donnent lieu, en novembre 1999, à son licenciement pour faute lourde, puis à sa condamnation au pénal. Des peines de prison ferme seront prononcées contre l'accusée et son époux. Une action civile menée conjointement la condamnera, en outre, au remboursement intégral des sommes détournées, selon un échéancier qui sera difficile à faire appliquer...

Toujours en 1999, Olivier Berthe, nouvellement élu trésorier, découvre un système mieux organisé encore mais de moins grande envergure. Cette fois, les faits remontent aux années 1995 et 1996 et concernent le service comptabilité. Une salariée de ce service, chargée de pointer les sommes envoyées au siège des Restos du cœur par les donateurs, détient la signature d'un CCP au nom de l'association. Curieusement, la présidente en fonction à l'époque, Marie Dumas, ne dispose pas de la signature sur ce compte. En déposant des chèques de donateurs sur ce CCP « occulte », puis en effectuant à 33 reprises des retraits frauduleux, cette comptable sans scrupules détourne à son profit des fonds évalués à plus de 34 000 euros. Elle y parvient grâce à la complicité de sa fille, employée à l'époque par La Poste.

Comme dans l'affaire précédente, une action en justice doublée d'une mise à pied aboutit, en 2002, à des peines d'emprisonnement, avec sursis cette fois. Le remboursement intégral des sommes est, là encore, exigé. Mais contrairement aux méfaits commis au service approvisionnements, la moitié des fonds sera remboursée par l'organisme financier, en l'occurrence La Poste, qui a fait preuve d'une certaine légèreté dans cette affaire : sa responsabilité est engagée sur les retraits présentant des irrégularités de signature.

Un troisième et dernier scandale éclate à la même époque, en Haute-Savoie cette fois. Président départemental des Restos du cœur entre 1987 et 1999, Roger Petit s'est illustré par des détournements répétés et de grande ampleur, usant de multiples stratagèmes pour parvenir à ses fins. Nous sommes en juillet 1999 et celui que l'on surnomme en interne « oncle Picsou » vient de démissionner de son poste de président, à l'âge de 73 ans. Son successeur débarque un beau jour à l'entrepôt d'Épagny, non loin d'Annecy. Ce site sert au stockage d'une partie des denrées alimentaires distribuées dans le département. On y signale depuis longtemps des anomalies. Le nouveau dirigeant découvre alors quatre tonnes de marchandise avariée dont il faut immédiatement se débarrasser. Géré de manière catastrophique par un proche de Roger Petit, l'entrepôt contient également, à en croire la presse locale de l'époque, ce que le constat d'huissier qualifie de « squat ». Mais ce n'est pas tout. Parmi les papiers trouvés sur place : un bordereau de retrait sur un compte du Crédit agricole. Ouvert au nom de l'association départementale, il est inconnu du nouveau trésorier. Depuis dix ans, chèques de donateurs et subventions y sont régulièrement déposés, pour un montant total estimé à 381 000 euros. Sans laisser la moindre trace dans la comptabilité… Roger Petit utilise ce compte pour ses besoins personnels. Il fréquente les boutiques de luxe de la région, s'achète une voiture, puis un appartement de 760 000 francs (115 850 euros) !

Non content de se servir dans la caisse, il organise régulièrement des ventes sauvages dans plusieurs villes de la région. Objectif : écouler à son profit diverses marchandises appartenant aux Restos : fruits et légumes, vêtements, appareils électroménagers. L'insatiable président fait également installer 70 urnes aux couleurs des Restos dans les commerces d'Annecy, piétinant au passage le règlement de l'association qui proscrit toute quête sur la voie publique. Ce dispositif rapportera, selon les estimations, 150 000 euros sur la période incriminée, envolés eux aussi dans la nature… Enfin, nul ne sait où sont passés les 670 000 francs (102 130 euros) de dons récoltés par le quotidien suisse *La Tribune de Genève* dans le cadre de l'opération « La Thune du cœur », organisée de 1995 à 1999.

Quelle somme Roger Petit parvient-il à détourner au total pendant ses douze années de présidence ? Difficile à dire… Ses trafics, petits et grands, sont si nombreux que les juges auront du mal à en démêler les ramifications. En outre, l'homme est plutôt partageur de nature. Sa famille, mais aussi des bénévoles et salariés proches, ont bénéficié de ses « largesses », ce qui complique encore le décompte et dilue les responsabilités. Résultat : les parties civiles représentées au procès se contentent d'avancer une fourchette assez large, comprise entre 760 000 et 1,22 million d'euros.

Le tribunal correctionnel d'Annecy se limitera, quant à lui, aux 533 000 euros mis en évidence par l'enquête de police et prononcera en mars 2002 une peine de deux ans d'emprisonnement, dont six mois avec sursis. Quelques mois plus tard, la cour d'appel de Chambéry alourdira la sentence, ajoutant un an de prison ferme à l'encontre de Roger Petit. La cour souligne dans son arrêt la « particulière gravité des faits », évoquant un prévenu sans scrupules et prêt à tout pour « assouvir son besoin d'argent ».

Une telle accumulation d'affaires, on s'en doute, eut un effet désastreux sur le moral des troupes. Comment ne pas céder au découragement quand on donne bénévolement son temps et son énergie à une association dont quelques membres influents profitent sans vergogne ? Mais les responsables nationaux des Restos n'avaient, à vrai dire, pas vraiment le choix... « Nous devions impérativement porter ces affaires devant la justice, reconnaît Véronique Colucci. Cela dit, nous avons agi de manière discrète, sans leur donner une publicité excessive pour éviter de mettre l'association en péril. »

Olivier Berthe estime quant à lui que le « mouvement fut fragilisé pendant quelque temps, c'est vrai. Mais ces épreuves nous ont aussi contraints à revoir notre organisation et à nous professionnaliser. Il ne faut pas être naïf. Œuvrer dans l'humanitaire ne nous protège pas des travers de la nature humaine et il existe dans nos structures, comme partout ailleurs, des gens malhonnêtes à neutraliser. Cela passe par un système sérieux de contrôles et de procédures, voire par des mises à pied lorsque c'est nécessaire. Tout cela a longtemps été inexistant aux Restos du cœur ».

De fait, la gestion actuelle des Restos du cœur n'a plus grand-chose de commun avec celle de la fin des années 1990. Créée en 2000, la cellule « gestion » s'est ainsi employée à mettre en place une structure d'audit interne. Son rôle : contrôler les associations départementales. Cette structure compte aujourd'hui une quinzaine d'auditeurs bénévoles et effectue une trentaine de contrôles annuels. Elle visite, en principe, chacune des 117 entités départementales tous les trois ans. Ses rapports peuvent conduire à leur retirer l'agrément, comme ce fut le cas il y a quelques années en Eure-et-Loir et dans le Cher. Une sanction lourde, qui interdit toute utilisation du nom ou du logo des Restos du cœur.

Des embauches ont également eu lieu au service comptabilité du siège parisien, régi désormais par des procédures écrites. Même chose au service approvisionnement, dirigé par un responsable salarié. Enfin, depuis quelques années, la nomination de deux commissaires aux comptes agréés par l'association nationale est obligatoire dans tous les départements. Résultat : les détournements et fraudes, toujours possibles, sont devenus nettement plus difficiles que par le passé.

Une interrogation demeure malgré tout : même si ces contrôles et procédures n'étaient pas en place dans les années 1990, difficile de comprendre comment des trafics d'une telle ampleur, à peine dissimulés par leurs auteurs, ont pu se poursuivre aussi longtemps. Dans le cas de la Haute-Savoie, le commissaire aux comptes avait, selon la presse locale, refusé de certifier le bilan de l'association en 1997. Puis il avait démissionné avec fracas. Quelques mois plus tard, une pétition signée par 14 bénévoles locaux fut envoyée au siège parisien des Restos pour l'avertir des pratiques de Roger

Petit. Sans effet immédiat… Il fallut attendre deux années supplémentaires pour que des actions en justice soient entreprises.

Dans un rapport publié en 2003, la Cour des comptes note que la présidente nationale de l'époque, Marie Dumas, avait été informée dès 1996 des faits délictueux survenus au siège parisien. Elle aurait, selon les magistrats, « tardé à réagir efficacement et, notamment, à mettre en place des procédures de contrôle adaptées ». Une phrase qui renvoie à la « guerre des clans », cette passe d'arme de l'automne 1998 durant laquelle Véronique Colucci prit les rênes de l'association. L'histoire officielle, en effet, disculpe les responsables parvenus au pouvoir ou simplement restés en poste à cette époque. Les fautifs, ce sont les autres, autrement dit ceux qui sont partis. Ils ont manqué de vigilance et de fermeté. Cette vision simpliste fait bondir Philippe Marescaux, l'ex-secrétaire général « viré » en 1999. « Il est particulièrement injuste de faire porter la responsabilité à quelques personnes et à Marie Dumas en particulier, sous prétexte qu'elle était en première ligne à cette époque, plaide-t-il. Les contrôles étaient insuffisants, c'est vrai, mais il est faux de dire que nous ne faisions rien. Il y a eu des sanctions et nous avons écarté des personnes malhonnêtes à plusieurs reprises. En outre, tous les responsables nationaux savaient ce qui se passait. Ceux qui se présentent aujourd'hui comme des champions de la vertu et de l'orthodoxie financière n'étaient pas les derniers à fermer les yeux. »

En clair, la responsabilité serait collective. Un autre scénario, difficile à vérifier mais au moins aussi plausible que l'histoire officielle, se dessine : celui d'une association généreuse à l'excès tenue à l'époque, rappelons-le, par des paroissiens de Saint-Merri. La mouvance « catho de gauche », on le sait, répugne par principe à toute forme de répression : l'homme est bon par nature et la société le corrompt… Il est injuste de le punir, c'est la société qu'il faut incriminer.

En y ajoutant l'héritage anarchiste de Coluche, son goût de l'improvisation et son hostilité viscérale à l'autorité, on obtient une culture un peu particulière. Efficace pour mobiliser les foules, elle s'accommode mal des règles, procédures et contrôles indispensables aux grandes organisations. Cette culture, teintée d'angélisme, était encore largement partagée par les responsables nationaux au début des années 2000. La preuve ? Même Véronique Colucci, présente à l'audience de Roger Petit à Annecy en mars 2002, déclarait à la presse que « faire la police n'est pas dans l'esprit des Restos ». Aux sanctions venues d'en haut, elle disait préférer l'autocontrôle confié aux bénévoles. Ses opinions ne semblent plus tout à fait les mêmes aujourd'hui…

Manifestement, l'état d'esprit des dirigeants – de tous les dirigeants – fut un temps en décalage avec la « grosse machine » humanitaire qu'étaient devenus les Restos du cœur. Rien de bien étonnant à cela, tant le développement de l'association fut rapide. La décennie 1988-1998 fut celle de tous les records, avec un nombre de repas distribués multiplié par six. Les structures, mais aussi les mentalités, n'ont tout simplement pas suivi. La priorité, légitime, des équipes en place à cette époque était de répondre aux démunis se pressant chaque hiver plus nombreux dans les antennes locales. Pas d'organiser le mouvement à la façon d'une entreprise.

Il fallait, d'abord et avant tout, dégager les ressources nécessaires pour répondre à la demande. Et quoi de mieux, pour y parvenir, qu'un grand événement médiatique annuel ? Beaucoup d'énergie fut donc consacrée au lancement des Enfoirés, puis à la pérennisation du concept : concerts, retransmission télévisée et vente de produits dérivés. L'initiative connut un succès inespéré, représentant, les bonnes années, plus du quart des ressources de l'association. Elle donna également aux Restos une visibilité et un capital de sympathie tels que les dons, eux aussi, se multiplièrent. Paradoxe cruel, la manifestation qui a le plus contribué au développement de l'association est donc, pour partie, responsable de sa crise de croissance…

Véronique Colucci a joué un rôle central dans cette aventure médiatique. Du moins dans sa seconde époque. « Avant la disparition de Michel, je n'étais pas impliquée directement dans l'association, reconnaît-elle. Nous étions séparés depuis plusieurs années, mais nous nous voyions régulièrement. Nous avions encore pas mal de choses en commun, au premier rang desquelles les enfants. Il nous parlait sans cesse de son projet, des comités qui se créaient partout en France, des gens et des instances dont il obtenait le soutien. Nous suivions tout cela quasiment au jour le jour. »

Dès l'automne 1985, Coluche fait appel aux vedettes de la chanson pour composer ce qui constitue, encore aujourd'hui, l'hymne officiel des Restos. En septembre, alors qu'il lance son premier appel sur les ondes d'Europe 1, l'humoriste a déjà, à l'évidence, une idée derrière la tête. « On a reçu beaucoup de courrier de chômeurs qui disaient : vous êtes bien gentils, vous chantez pour " médecins sans diplôme ", mais tout le pognon s'en va à l'étranger, plaisante-t-il. Quand est-ce que vous allez chanter pour les chômeurs ? » L'allusion est claire pour les auditeurs de l'époque : Coluche caricature, avec sa verve habituelle, les 45 tours de charité destinés à lutter contre la famine en Éthiopie.

La première initiative de ce type remonte à l'année précédente. On la doit à Bob Geldof, chanteur du groupe punk irlandais

Boomtown Rats. L'homme a convaincu une quarantaine de vedettes de la scène pop-rock britannique de participer à l'opération Band Aid. Au générique : David Bowie, Paul Mc Cartney, Bono du groupe U2 ou encore Phil Collins. Il s'agit de lancer, juste avant Noël 1984, un 45 tours original au profit des organisations humanitaires intervenant en Éthiopie. Le « single » en question, *Do they know it's Christmas ?* s'écoule à plus de 3 millions d'exemplaires au Royaume-Uni, dépassant largement les prévisions les plus optimistes. Il se prolonge l'été suivant par un double concert organisé conjointement, le 13 juillet 1985, au JFK Stadium de Philadelphie et au Wembley Stadium de Londres : le fameux Live Aid.

Entre-temps, les Américains ont imité leurs confrères britanniques avec *We are the World,* coécrit et chanté, entre autres, par Michael Jackson, Stevie Wonder et Lionel Richie. Les Français ne sont pas en reste et lancent, en mars 1985, le 45 tours *SOS Éthiopie*, enregistré par une trentaine d'artistes emmenés par Renaud. Dans la longue liste des participants : Hugues Aufray, Daniel Balavoine, Michel Berger, Francis Cabrel, Julien Clerc, Gérard Depardieu et… un certain Coluche. Le disque s'écoule rapidement à plus de 1 million d'exemplaires et quelque 10 millions de francs de l'époque (1,5 million d'euros) sont reversés à l'association Médecins sans frontières. Ce succès n'empêchera pas les controverses : une polémique naîtra quelques mois plus tard sur – déjà – la bonne utilisation des fonds et l'acheminement plus ou moins efficace des denrées dans les camps de réfugiés. Cette série d'événements inspirera à l'humoriste, en septembre 1985, la blague radiophonique évoquée plus haut.

La blague en question ne reste pas sans suite. Les « chansons caritatives » sont dans l'air du temps en ce milieu des années 1980 ? Le public aime ces chorales prestigieuses réunies pour la bonne cause, le temps d'un enregistrement ? Banco ! Coluche décide, fin 1985, de frapper à la loge de Jean-Jacques Goldman. Il lui demande « une chanson qui cartonne » pour son association naissante. L'auteur-compositeur s'exécute en quelques jours et, en janvier 1986, la *Chanson des Restos* est enregistrée. Elle mêle les voix de Jean-Jacques Goldman, Yves Montand, Nathalie Baye, Michel Drucker, Michel Platini et, bien sûr, Coluche.

Son rythme est rapide, son ton moins larmoyant que celui des chansons pour l'Éthiopie. Coluche et Goldman n'usent pas des ressorts habituels de la compassion. C'est plutôt la colère et la révolte qui dominent ; colère face au développement continu de la misère et à l'indifférence qu'elle suscite. Avec, en filigrane, la promesse d'une action concrète. « Moi, je file un rancard à ceux qui n'ont plus rien, chante l'humoriste en guise d'introduction. Sans idéologie, discours ou baratin. On vous promettra pas les " toujours " des grands soirs, mais juste, pour l'hiver, à manger et à boire. »

Habile, l'homme sait que l'argent n'est pas tout. Pour mener son projet à bien, il a besoin de milliers de bénévoles prêts à s'impliquer physiquement dans l'aventure. La chanson n'est donc pas seulement un moyen de collecter des fonds. Elle sonne comme un appel à la mobilisation, une *Marseillaise* au tempo rock censée faire naître les bonnes volontés.

Coluche est loin de se douter, à l'époque, qu'il y a « à boire et à manger » dans ces cohortes de bénévoles. Il ne peut soupçonner que certains mettront l'aventure à leur profit et piqueront massivement dans la caisse quelques années plus tard. Sans doute, d'ailleurs, s'en moque-t-il. La machine qu'il vient de mettre en branle doit coûte que coûte être alimentée, et c'est cela qui importe.

Non content du succès immédiat de sa chanson, l'humoriste s'emploie pendant l'hiver à mobiliser les médias. Il est de tous les reportages et multiplie ses interventions dans les journaux télévisés. Son initiative a pris une ampleur inattendue et les files d'attente s'allongent devant ses Restos à peine ouverts. Il faut de l'argent, beaucoup d'argent pour répondre aux espoirs nés de ce pari un peu fou.

Le 26 janvier 1986, une première émission spéciale, diffusée en direct sur TF1, est organisée. Le plateau réunit les amis de longue date de l'humoriste, des stars ralliées plus récemment, des hommes politiques de tous bords. Il s'agit, déjà, d'appeler les Français à donner en décrochant leur téléphone. La méthode est nouvelle à l'époque : le premier Téléthon hexagonal ne sera organisé qu'un an et demi plus tard, en décembre 1987. Elle prouve immédiatement son efficacité, drainant 23 millions de francs (3,5 millions d'euros) en un dimanche après-midi. Sans cette manne, les Restos du cœur auraient eu bien du mal à tenir tout un hiver…

Le choc n'en est que plus brutal quelques mois plus tard. Nous sommes alors en juin et Coluche meurt en pleine gloire, auréolé par le succès de sa bonne action grand format. Au siège des Restos, c'est la consternation. Les responsables de la première heure, ceux de Saint-Merri, se demandent comment poursuivre l'aventure que Coluche, lui-même, s'employait à pérenniser. Ils savent pouvoir compter sur Jean-Michel Vaguelsy, ami de l'humoriste très impliqué dans sa campagne présidentielle avortée de 1981 et personnellement investi dans les Restos. L'homme présidera d'ailleurs l'association jusqu'en juin 1988. Mais il leur faut une personnalité médiatique forte, à même d'entraîner avec elle les artistes, les télévisions et le public.

« Ils m'ont contactée à cette époque, indique Véronique Colucci. Je travaillais alors dans le cinéma et je ne connaissais rien au milieu associatif. Tout ce que je pouvais leur apporter, c'était mon carnet d'adresses. » Différentes solutions sont envisagées. On sollicite le chanteur Renaud, doublement légitime comme ami de longue date de Coluche et chef de file de l'opération « SOS Éthiopie », un an plus tôt. Mais le chanteur, échaudé par les critiques suscitées par sa première initiative, décline la proposition. D'autres personnalités sont contactées et, en particulier, Jean-Jacques Goldman. Le compositeur de la chanson des Restos a, paraît-il, un « réel sens politique et toutes les qualités requises pour le poste ». Mais il préfère s'impliquer autrement et demeurera sur le terrain artistique, via les concerts des Enfoirés.

L'équipe en place continue donc avec les moyens du bord et renonce à remplacer Coluche. « Nous n'en avions pas encore conscience à l'époque, mais Michel était encore vivant dans l'esprit du public. Ses idées étaient tellement fortes qu'il n'avait pas besoin d'être remplacé », insiste Véronique Colucci. C'est elle qui, en tant que « veuve » de l'artiste, est chargée de porter ses idées et d'assurer une certaine continuité.

Sa légitimité est très relative : elle n'a pas participé à la première campagne de l'association et ne partage plus la vie de l'humoriste depuis 1981. Mais elle porte toujours son nom, en vertu des dispositions prévues dans la convention de divorce et voulues par Coluche lui-même. Ce nom lui a d'ailleurs été fort utile, quelques années plus tôt, pour se faire une place dans la production cinématographique. Avec, là encore, de sérieux coups de main de son ex-mari, très soucieux du sort de la mère de ses enfants…

C'est donc tout naturellement que Véronique Colucci endosse ses habits neufs. Elle s'emploie à mobiliser à nouveau les médias pour la deuxième campagne des Restos du cœur, qui démarre à l'automne 1986. En décembre, elle se rend sur les plateaux de TF1 pour une nouvelle émission de soutien. L'enjeu est de taille : il s'agit de montrer à tous, ceux qui doutent et ceux qui espèrent, que la dernière entreprise de l'humoriste lui survivra.

L'événement est reconduit en 1988 avec, à nouveau, chanteurs, stars du show-biz et gens de télévision en nombre. C'est ce rassemblement qui incite Jean-Jacques Goldman et quatre autres « poids lourds » de la chanson – Johnny Hallyday, Eddy Mitchell, Véronique Sanson et Michel Sardou – à pousser plus loin l'engagement, en organisant la première tournée des Enfoirés.

L'événement est aussi complexe que coûteux. Les cinq artistes ont déjà de multiples engagements et font partie, de surcroît, de cinq maisons de disques concurrentes. La tournée finit tout de même par voir le jour, grâce notamment à la forte implication de Jean-Jacques Goldman. Plusieurs salles sont programmées dans les grandes villes de province, avec un concert final le 13 novembre au Zénith de Paris. Un premier CD et une cassette vidéo de l'événement sont mis sur le marché en janvier 1990, précédés d'une émission originale enregistrée au Grand Palais et diffusée, elle, sur Antenne 2 la veille de Noël. Les éléments clés du concept des Enfoirés sont déjà là : une affiche prestigieuse, une série de concerts et la vente de supports audio et vidéo du spectacle.

Côté chiffres, peu d'informations subsistent. Véronique Colucci se souvient seulement du résultat « très positif » de la tournée, ainsi que des ventes de CD et cassettes. L'ensemble permit, selon elle, de « renflouer les caisses de l'association, dont les ressources déclinaient depuis deux ans ». La participation financière de Canal +, cependant, fut décisive cette année-là. Car, même si les cinq artistes se sont produits bénévolement, même si les personnels techniques et les partenaires se sont mobilisés, il fallait tout de même une mise de fonds importante pour organiser l'événement.

Or, la chaîne cryptée se sentait, paraît-il, redevable à Coluche d'avoir contribué à relancer l'audience en 1985 avec son journal TV satirique *1 Faux*. C'est cela, entre autres, qui l'aurait incitée à faire un geste et à mettre près de 1,5 million de francs (229 000 euros) sur la table en 1989, sans aucun droit de diffusion en contrepartie.

Complexe, la formule initiale ne sera pas reconduite l'année suivante. « Jean-Jacques Goldman était en tournée et nous pensions que le succès de l'année précédente suffirait à créer une dynamique », explique Véronique Colucci. De plus, les Restos décident à cette époque d'organiser la collecte des dons et lancent leurs premiers mailings. Il faut diversifier les ressources et ne pas rendre l'association dépendante d'un événement médiatique unique, si efficace soit-il. En clair, les Enfoirés peuvent attendre… Ils attendront dans les faits trois ans, jusqu'en 1992. Cette fois, plus de tournée hexagonale mais une soirée unique à l'Opéra Garnier… avec surtout des bénévoles et bénéficiaires de l'association dans la salle, m'explique l'ex-compagne de Coluche. Il s'agit d'une simple émission de variétés, destinée à la fois à susciter les dons et à promouvoir la vente du CD et de la vidéo du spectacle. Avec plusieurs centaines d'« amis » en guise de public donc. Il en sera ainsi chaque année jusqu'en 2000, édition pendant laquelle les Enfoirés renoueront avec de véritables concerts.

Vingt années ont passé depuis la tournée de l'hiver 1989. Les Enfoirés sont toujours là, mais le concept a évolué, s'est professionnalisé. La formule des tournées n'a été renouvelée qu'en 2000 et 2001, avec neuf villes visitées pour le changement de millénaire : Toulouse, Marseille, Lyon, Strasbourg, Nancy, Lille, Rennes,

Bordeaux et Paris. Cette année-là, une trentaine d'artistes se relayaient, se remplaçant mutuellement au gré de leurs impératifs respectifs. Puis le concept actuel, plus simple, s'est imposé progressivement à partir de 2002.

Plutôt que de mobiliser les chanteurs dans sept à huit villes de France, une quarantaine d'entre eux participent désormais chaque année au spectacle, joué à sept reprises dans la même salle : le Zénith de Nantes en janvier 2007, celui de Strasbourg en janvier 2008 et le Palais omnisports de Paris-Bercy en janvier 2009. « La formule est moins contraignante pour les artistes, explique Olivier Berthe. Elle permet d'offrir une affiche plus riche et un spectacle de grande qualité. »

Ce grand rassemblement a parfois ses ratés, comme à Nantes en 2007. Cette année-là, Yannick Noah avait refusé de loger dans le luxueux hôtel prévu pour lui et ses acolytes par la production : l'Hermitage, à La Baule, un établissement du groupe Barrière situé à une soixantaine de kilomètres de la salle de concert. Il s'en était ouvert à la presse, déclarant qu'il venait chanter bénévolement pour les Restos et non « se faire héberger dans un palace de milliardaires » ! L'ex-tennisman était l'un des piliers de l'événement. Depuis cette déclaration, il n'en fait plus partie, confirmant au passage la réputation des Enfoirés de « club » un peu fermé où les artistes cooptés sont priés d'afficher leur loyauté en toutes circonstances. Mais à part cet épisode malheureux, la machine semble désormais bien rôdée.

En plus des 60 000 à 100 000 places de concert vendues chaque année, les Restos engrangent le produit des ventes de CD et DVD du spectacle, diffusé en « prime time » sur une chaîne hertzienne (France 2 en 1998, 1999 et 2000, TF1 depuis). L'association produit elle-même l'émission TV, qu'elle propose ensuite aux chaînes selon un système d'appel d'offres annuel. « Cette phase est essentielle, insiste Olivier Berthe. Les ventes de CD et DVD dépendent directement de l'audience réalisée le soir de l'émission, elle-même tributaire des moyens déployés par la chaîne pour diffuser et promouvoir l'événement. » Les dernières éditions enregistrèrent des scores impressionnants : 11,7 millions de téléspectateurs en 2007, 10,3 millions en 2008 et 12,3 millions en 2009, année record avec 53 % de part d'audience.

En 2007, plus de 670 000 CD et 380 000 DVD « La Caravane des Enfoirés » ont été vendus. Les deux tiers de ces ventes s'effectuent généralement pendant les trois semaines qui suivent la retransmission du concert. En 2008, l'opération avait généré au total 26,1 millions d'euros de recette, billetterie comprise, soit 20 % des ressources annuelles de l'association. Un événement d'une telle ampleur – la plus forte audience de l'année dans la catégorie « variétés » – intéresse au plus haut point les chaînes de télévision. D'importants intérêts publicitaires sont en jeu et la philanthropie n'est pas leur seule motivation.

L'enjeu est plus stratégique encore pour les Restos du cœur : l'association joue une part conséquente de ses ressources sur un événement unique. C'est sans doute la raison des tensions observées certaines années entre les partenaires de l'opération. Car il n'y pas que l'organisation des concerts eux-mêmes : leur enregistrement – la « captation » en jargon télévisuel – et leur diffusion à moindre coût sont aussi des opérations complexes. Et là encore, il fallut tester plusieurs formules avant de trouver la bonne.

Les Restos du cœur veillèrent très tôt à conserver la maîtrise artistique et financière du concept des Enfoirés. Voilà pourquoi l'association choisit, dès le début des années 1990, d'être productrice de l'émission pour la « vendre » ensuite aux diffuseurs.

Ce schéma implique une négociation annuelle avec les chaînes : l'appel d'offres évoqué plus haut. Il suppose également des moyens techniques et humains conséquents pour la réalisation. Or, il est difficile, pour une association caritative, de consacrer une partie de ses fonds à l'embauche de caméramen, de preneurs de son ou de monteurs. Dans les faits, c'est donc la chaîne qui assure – en sous-traitance – la production exécutive de l'émission avec ses équipes et son matériel.

Pour faire simple, les Restos « vendent » le droit de diffuser leur spectacle. Mais comme la chaîne, c'est-à-dire l'acheteur, est aussi le fabricant de l'émission, elle déduit des droits de diffusion dus aux Restos ses « frais de fabrication ». La négociation annuelle n'est donc pas tout à fait une vente : elle porte sur les frais de fabrication, c'est-à-dire le budget de production mobilisé par TF1 ou France Télévisions. Et si l'argent n'est pas le seul critère – l'association tient également compte du temps d'antenne fourni en plus du concert –, le mieux-disant est en principe assuré d'emporter l'appel d'offres.

Cette façon de procéder présente un avantage : elle évite à l'association de dépendre d'un diffuseur unique. Si TF1 sait que rien n'est acquis, qu'il peut perdre chaque année la soirée des Enfoirés, il sera, logiquement, incité à fournir davantage d'efforts et de moyens. Car les Restos, dans cette affaire, bénéficient d'un atout maître : une affiche prestigieuse et un répertoire renouvelé chaque année par Jean-Jacques Goldman et ses « potes ».

« Ce que nous proposons aux chaînes, c'est le plus beau spectacle de variétés de l'année, s'enthousiasme Olivier Berthe. Tant que nous serons dans ce schéma, une vraie négociation aura lieu et la relation demeurera équilibrée. » En clair, les Restos éviteront les concessions liées au simple statut de demandeur et garderont la maîtrise du contenu de l'émission. À une condition toutefois : que les chaînes acceptent de jouer la transparence. Que vaut, en effet, un appel d'offres si l'on ne peut comparer les candidats en toute connaissance de cause, poste par poste ? Et comment juger la prestation de la chaîne après coup, si celle-ci n'en donne pas un bilan détaillé révélant la réalité des coûts ?

C'est là la limite du processus imaginé par les Restos du cœur. L'association en fit l'amère expérience à la fin des années 1990. Pour comprendre, il faut une nouvelle fois revenir à cette fameuse année 1998, charnière à plus d'un titre. L'édition précédente des Enfoirés, enregistrée au Zénith de Paris, a été diffusée le 8 février 1997 sur TF1. C'était la sixième fois que la chaîne privée retransmettait l'événement. À en croire le rapport de la Cour des comptes de 2003, le budget proposé par TF1 cette année-là lors de l'appel d'offres s'élevait à 5 millions de francs environ (0,76 million d'euros).

Toutefois, le contrat le mentionnait sous un autre vocable : il parlait de « droits de diffusion » cédés à la chaîne. Ce terme traduisait la volonté des Restos de rester maîtres du jeu, via la « cession » de leur concept, fût-ce de manière formelle. Surtout, il obligeait les contractants à effectuer une transaction, bien réelle celle-là. Car si TF1 s'engageait à débourser 5 millions de francs pour diffuser le concert des Enfoirés, puis fabriquait ensuite lui-même l'émission pour le compte des Restos du cœur, il était logique qu'il déduise des 5 millions les frais engagés à cette occasion. Et devait donc, le cas échéant, verser le reliquat à l'association. En clair, TF1 redonnait de l'argent aux Restos du cœur si la fabrication de l'émission lui coûtait moins de 5 millions de francs.

Problème : de 1992 à 1997, la chaîne n'a effectué aucun reversement à l'association. Le personnel technique engagé dans l'aventure a pourtant travaillé à prix coûtant. Et une entreprise du calibre de TF1, rompue à la production d'émissions de ce type et richement équipée, aurait dû réaliser des économies d'échelle. « Pendant l'hiver 1995, j'ai produit une grande émission sur Coluche totalement déconnectée des Restos, se souvient Véronique Colucci. À cette occasion, j'ai touché du doigt la réalité financière d'un tel projet. Il m'est apparu évident que les coûts évoqués par TF1 étaient surestimés et qu'une partie devait être reversée à l'association. »

Ce n'est pas tout. Le succès de l'émission ne s'est jamais démenti pendant ces six années. TF1 a donc pu engranger de confortables recettes publicitaires. À titre de comparaison, la soirée des Enfoirés diffusée en mars 2008 a donné lieu à trois coupures publicitaires. Si l'on y ajoute celle s'intercalant entre le concert lui-même et les reportages sur les Restos, 69 spots au total ont été diffusés pendant la soirée. On n'en était certes pas là dix ans plus tôt, mais tout de même...

Ce double constat conduit Véronique Colucci, mi-1997, à proposer un autre montage aux instances dirigeantes. Exit le rôle de « producteur exécutif » confié aux chaînes, l'association veut reprendre la main. La fabrication de l'émission sera désormais assurée par Microfilms S.A., société spécialisée dans la production de films, reportages vidéo et génériques. Elle mettra son personnel à disposition et embauchera des intermittents en complément. Ses activités seront d'autant plus faciles à contrôler que sa présidente n'est autre que… Véronique Colucci elle-même ! Elle propose de faire travailler Microfilms à prix coûtant et d'exclure toute rémunération pour elle-même et son associé.

Parallèlement, France Télévisions est sollicitée pour diffuser l'édition 1998 des Enfoirés. Les droits de diffusion demeurent les mêmes que l'année précédente : 5 millions de francs. Mais un « droit d'entrée » s'y ajoute désormais. Cette somme forfaitaire est versée directement par la chaîne et représente une part des recettes publicitaires engrangées.

La décision est vite prise et le conseil d'administration du 11 décembre 1997 entérine le nouveau montage. Comme prévu, France 2 diffuse le spectacle « Les Enfoirés en cœur » le 7 février 1998 et règle ensuite les sommes prévues au contrat directement à Microfilms. Celle-ci, une fois ses frais déduits, verse un reliquat de 1,4 million de francs environ (210 000 euros) aux Restos du cœur. Par rapport à 1997, le bénéfice est donc substantiel. Et la nouvelle organisation n'a pas affecté le succès de l'événement.

Le hic, c'est que Microfilms n'est pas tout à fait une société comme les autres. Dirigée par Véronique Colucci, pas encore présidente des Restos mais membre influent du conseil d'administration, elle pose des problèmes évidents de déontologie. On entre dans le domaine bien connu du conflit d'intérêt, plus souvent évoqué au sujet d'hommes politiques ou de dirigeants d'entreprises. Un risque de « conflit » entre les intérêts de l'association et ceux de l'entreprise existe quand une même personne se retrouve dans les deux structures. Comment être sûr, dans ce cas, que l'attribution d'une mission à l'entreprise s'effectue de manière impartiale ?

Dans le cas de Microfilms, sa collaboration avec l'association fut financièrement positive pour les Restos. Dans son rapport sur l'exercice 1997-1998, le commissaire aux comptes confirma, en outre, que Véronique Colucci n'avait reçu aucune rémunération directe et que les dépenses effectuées par la société étaient bien en rapport avec la soirée. Mais le doute persista. Et les critiques se multiplièrent, en interne comme au sein des instances chargées de contrôler l'activité des Restos.

Dans une lettre datée de juin 1998, le président du Comité de la charte, organisme qui édicte des règles déontologiques destinées au secteur caritatif et qui veille à leur application, mettait en garde la présidente des Restos du cœur de l'époque, Marie Dumas. « Les administrateurs ne doivent avoir, eux-mêmes ou par personne interposée, aucun intérêt direct ou indirect dans les résultats de l'exploitation », rappelait-il. Les Restos adhérant au Comité, cette règle leur était rappelée à toutes fins utiles... Le renouvellement de leur agrément était clairement conditionné au règlement du « problème Microfilms ».

« Je n'ai jamais retiré aucun intérêt personnel dans cette affaire et l'idée ne m'a même jamais effleurée, insiste Véronique Colucci. Cela dit, il est exact que j'ai eu cette double casquette et que certains ont pu se poser, à tort, des questions. Je me suis donc retirée de la production quand j'ai vu l'exploitation nauséabonde que cela suscitait. » Nauséabonde, la règle qui vise à éviter de périlleux mélanges des genres ? Etrange qualificatif...

L'association prit donc acte des mises en garde du Comité. Officiellement tout au moins. La diffusion des émissions de 1999 et 2000 fut à nouveau confiée à France 2, mais Microfilms disparut du contrat régissant les relations entre les deux partenaires. Ce changement de stratégie était d'autant plus nécessaire que Véronique Colucci, élue présidente en octobre 1998, était devenue à la fois plus visible et plus influente encore au sein de l'association.

Dans le même temps, les droits de diffusion des Enfoirés passèrent de 5 millions de francs à 7 millions de francs environ (1,07 million d'euros), sans doute par souci de « réajuster le tarif » à l'ampleur de l'événement. La fabrication de l'émission, quant à elle, fut confiée à une filiale de France Télévisions.

Toutefois, comme le note la Cour des comptes, les documents de préparation technique mentionnaient l'intervention de Microfilms en qualité de « bureau de préparation », malgré la présence d'un nouveau sous-traitant. Concrètement, Véronique Colucci et son associé ont continué à assurer des tâches techniques liées à la production.

L'équipe de fabrication de l'émission – caméramen, preneurs de son, éclairagistes – est demeurée en partie la même. « C'était un problème de compétences, assure-t-elle aujourd'hui. Quand vous faites monter sur scène 40 artistes célèbres qui vous font confiance, qui mettent en jeu leur image et qui, en plus, le font bénévolement, vous ne pouvez pas mettre n'importe qui derrière les caméras. » C'est peut-être vrai, mais l'association a tout de même éprouvé le besoin de faire taire définitivement les rumeurs en cessant de faire appel à Microfilms.

Depuis 2001, TF1 assure à nouveau, chaque année, la production exécutive et la diffusion de l'émission. Les dirigeants actuels des Restos ne divulguent pas le montant des droits négociés ces dernières années. Mais la reconquête s'est sans doute accompagnée, pour la chaîne privée, d'un effort financier significatif. Les Restos du cœur jurent en outre que l'ère de l'opacité est révolue, que TF1 est transparent sur les coûts et reverse les excédents éventuels. Quant à savoir pourquoi la « Une », depuis neuf ans, remporte systématiquement l'appel d'offres, il ne faut surtout pas y voir la preuve d'un quelconque favoritisme. Au siège de l'association, on affirme « n'appartenir à personne » et « tout faire pour que le service public emporte la mise un jour ou l'autre », au prix de concessions financières s'il le faut ! L'affaire aurait d'ailleurs failli se conclure il y a trois ans, avant de capoter pour des questions juridiques. Clairement, la gestion des appels d'offres a encore quelques progrès à faire aux Restos du cœur.

Dans leur contenu artistique, au moins, les Enfoirés semblent bel et bien fidèles à l'esprit de leur créateur. Coluche souhaitait des événements médiatiques gais, synonymes de fêtes, bannissant tout recours excessif à l'émotion ? Le contrat a été respecté. Enregistrée au Zénith de Strasbourg, l'édition 2008 alterne chansons célèbres interprétées en chœur par une pléiade d'artistes, duos inattendus – Kad Merad et Pascal Obispo, par exemple – et numéros comiques plus ou moins improvisés, notamment par Pierre Palmade.

L'ensemble évoque les émissions de variétés des années 1970, quand Maritie et Gilbert Carpentier officiaient en grands ordonnateurs de nos divertissements télévisuels. Il y a bien, à intervalles réguliers, des interventions des artistes pour rappeler la mission des Restos et inciter le téléspectateur à acheter le DVD des Enfoirés. Mais tout cela s'effectue avec légèreté et le ton demeure jovial.

Les reportages et débats sur l'action humanitaire, la mise en avant des bénéficiaires et des bénévoles ne sont pas omis : ils interviennent en seconde partie de soirée seulement. Un plateau animé par les présentateurs-vedettes de TF1 – Patrick Poivre d'Arvor puis, désormais, Laurence Ferrari et Claire Chazal – rassemble les responsables de l'association. Un reportage nous montre des cours de cuisine assurés par le chef étoilé Thierry Marx auprès de bénéficiaires des Restos. Il s'agit autant de leur apprendre à confectionner chez eux, avec très peu d'ingrédients et d'ustensiles, un repas équilibré que de faire naître d'éventuelles vocations.

Les débordements du Téléthon n'ont pas leur équivalent ici. Le discours se veut positif, axé sur l'insertion. Davantage que l'affect, c'est l'intellect que cherchent à frapper les organisateurs. « C'est là toute la différence entre le caritatif et l'humanitaire, plaide Olivier Berthe. Nous essayons de ne pas stigmatiser les bénéficiaires, de mettre l'accent sur les solutions et non sur le côté dramatique de certaines situations. » L'action de Véronique Colucci y est sans doute pour quelque chose. De toute évidence, elle conserve de ses années de présidence une influence forte au sein de l'association. D'autant plus forte que les fondateurs, témoins de la « période Coluche », ont disparu ou se sont retirés les uns après les autres. Sur les Enfoirés, elle avoue elle-même avoir eu carte blanche dès les premières années. Mi-organisatrice, mi-gardienne du temple, elle est la continuatrice de l'œuvre de son ex-mari et se réfère régulièrement aux idées de « Michel ». Elle s'emporte – ou saisit la justice – dès que sa bonne foi semble mise en doute, supporte mal les questions trop précises, reconnaît du bout des lèvres ses rares erreurs. Mais ce qui l'insupporte par-dessus tout, c'est que l'on touche à sa légitimité.

Pendant notre entretien, repérant sur mon bloc-notes, sans même que je l'évoque, la mention de son nom de jeune fille, elle insiste pour que je corrige mon erreur. C'est avec le « C » de Colucci, et non le « K » de Kantor, qu'il faut écrire ses initiales. Comme si elle voulait, aux yeux du public, effacer tout ce qui a précédé et suivi ses dix ans de vie commune avec l'artiste.

Les mauvaises langues diront que cet attachement n'est pas désintéressé. Outre Microfilms, Véronique Colucci dirige en effet, depuis 1991, une autre société exploitant une partie des droits artistiques – droits d'auteur de ses sketches notamment – de Coluche : Maroko. L'humoriste avait cédé lesdits droits à ses deux fils, Marius et Romain, ainsi qu'à leur mère au moment du divorce. Le nom de la société évoque les prénoms des deux garçons.

« La situation personnelle de Mme Colucci, ses liens passés avec le fondateur de l'association, l'intérêt direct qu'elle peut avoir à la diffusion des œuvres de ce dernier [...] ont pu jeter le doute sur sa capacité à gérer de manière totalement étanche ces deux volets de son activité », énonçaient, en octobre 2003, les magistrats de la Cour des comptes. Les mêmes s'avouaient incapables d'apprécier quantitativement les « synergies vraisemblables entre la vente des " produits Coluche " et les activités médiatiques de l'association. »

Six ans plus tard, Véronique Colucci n'a toujours pas digéré ces critiques. Elle affirme avoir toujours été claire sur le sujet et ne diffuse ni sketch, ni photo de l'artiste Coluche pendant les concerts des Enfoirés. C'est le même et unique portrait qui orne tous les documents, toutes les manifestations de l'association. On y voit le fondateur bras croisés, cheveux ras, un léger sourire aux lèvres. Aucun détail, selon elle, n'évoque son œuvre d'humoriste ou d'acteur. Elle assure n'avoir jamais utilisé les Enfoirés comme tremplin aux compilations de sketches sur CD ou DVD.

Et si elle a procédé au lancement de produits Coluche à l'approche des fêtes, c'est-à-dire en pleine campagne des Restos, c'est tout simplement parce qu'elle refuse de faire la tournée des plateaux TV pour promouvoir les œuvres de son ex-mari. Noël et ses cadeaux obligés constitue donc la période idéale. C'est « pure coïncidence » si cette période est aussi celle du pic d'activité de l'association...

On pensera ce que l'on voudra de ces explications alambiquées. Elles ne remettent pas en cause l'engagement, réel et constant, de Véronique Colucci au sein des Restos. La Cour des comptes, dans son dernier rapport, publié en juin 2009, accorde d'ailleurs un *satisfecit* à l'association. La juridiction évoque un « travail de grande qualité visant à professionnaliser les fonctions clés de l'association [...] et à renforcer les procédures de contrôle interne ».

Mais cela ne change rien. S'impliquer à ce point, comme le fait Véronique Colucci, dans la dernière œuvre du père de ses enfants est tout sauf anodin. Ses motivations sont profondes, multiples, contradictoires ; elles mêlent sentiments et sens du devoir, amour maternel et amour tout court. Un imbroglio très personnel, propre à beaucoup de conjoints d'artistes disparus. L'argent, à l'évidence, n'est qu'une partie de l'équation.

Chapitre 6

JE TE TIENS, TU ME TIENS...

Le Quartier latin, à Paris. Depuis mai 68, le lieu est synonyme de contestation étudiante. Une forme très française, à dire vrai, de contestation : joyeuse, souvent brouillonne mais aussi, parfois, dramatique.

Le degré de conscience politique de ses acteurs, leur connaissance des faits reprochés au pouvoir en place varient beaucoup selon les époques. Mais qu'importe. Génération après génération, les foules en colère arpentent invariablement les mêmes boulevards, toujours plus nombreuses, toujours plus jeunes. Des fameux « événements de mai » aux manifestations de lycéens « anti-Darcos » de la fin 2008, en passant par le projet Devaquet de réforme des universités, en 1986, tout commence en général dans la joie et la bonne humeur. Chansons et slogans inspirés brocardent gentiment le gouvernement du moment. Lorsque les affrontements avec les forces de l'ordre surviennent, le gros des troupes est sagement rentré à la maison.

Cette fièvre contestataire et juvénile, le promeneur a bien du mal aujourd'hui à en retrouver les traces. Les abords du Panthéon et de la Sorbonne sont devenus des quartiers prisés. On y croise davantage de jeunes gens de bonne famille que de représentants de « l'ultra-gauche ». Les messages à caractère politique y sont rares... Pourtant, quelques stigmates persistent. En cette froide journée de janvier, je remarque, au détour d'une rue étroite, une inscription officielle. Elle signale le lieu où Malik Oussékine fut passé à tabac par les forces de police, en marge d'une manifestation anti-Devaquet. Le jeune homme, atteint d'une insuffisance rénale inconnue des médecins en poste ce jour-là, décéda peu après son transfert à l'hôpital, terrassé par ses blessures. « À la mémoire de Malik Oussékine, étudiant de 22 ans frappé à mort le 6 décembre 1986 », énoncent les lettres dorées tracées sur le trottoir. Étrange hommage, foulé chaque jour au pied par des dizaines de Parisiens...

L'homme à qui je rends visite ce jour-là vit à proximité. Il n'a rien d'un étudiant gauchiste. Son parcours et ses opinions reflètent pourtant, à leur manière, les nombreux événements survenus quasiment sous ses fenêtres.

Pierre-Patrick Kaltenbach, 72 ans, est énarque, ancien haut fonctionnaire, ex-conseiller à la Cour des comptes. Longtemps, l'homme s'est défini lui-même comme un « anar de droite ». Pourfendant dans les années 1980 les « effets pervers d'une socialisation mal conduite », il dénonçait, en vrac, le « détricotage familial » consécutif à mai 68, les copinages divers et variés entre élus et milieux associatifs, la distribution massive et incontrôlée d'argent public à ce même milieu associatif. Ne craignant pas la contradiction, il affirmait également dans l'un de ses ouvrages appartenir à une génération bénie : un poil trop âgée pour participer aux événements de 1968, mais assez jeune pour en apprécier l'élan « sans se faire bousculer moralement par ses propres enfants », elle en aurait « pris le meilleur sans en subir le pire »...

Son nom a souvent été associé à celui de Philippe Séguin, aujourd'hui Premier président de la Cour des comptes. Pierre-Patrick Kaltenbach lui doit, entre autres, sa nomination en 1986 à la tête du Fonds d'action sociale pour les travailleurs immigrés (FAS). La première cohabitation commençait alors à peine et l'ancien maire d'Épinal, en pleine ascension politique, venait d'être nommé ministre des Affaires sociales. L'épisode s'est avéré marquant : au FAS, le haut fonctionnaire a touché du doigt ce qu'il nomme aujourd'hui « un secteur totalement opaque », qui permet aux responsables politiques de tous bords de distribuer l'argent public en s'affranchissant des contrôles en vigueur dans l'Administration. « Notre tâche consistait à distribuer des subventions à plus de 3 000 associations " amies ", se souvient Pierre-Patrick Kaltenbach, sans que l'on sache exactement ce que le terme " amies " signifie pour lui. Deux jeunes beurs s'emmerdaient dans une cage d'escalier, ils créaient une association et le FAS leur donnait de l'argent ! »

L'homme aime à l'évidence provoquer et s'amuse des réactions de ses interlocuteurs. Mais lancer des formules politiquement incorrectes n'est pas sa seule activité. Il a également créé plusieurs cercles de réflexion sur les sujets qui lui tiennent à cœur : l'insuffisante séparation des pouvoirs en France et la nécessité d'une « gouvernance publique », c'est-à-dire d'un système de contrôle impliquant directement les citoyens et leurs élus. Le secteur associatif serait, selon lui, une cible à viser en priorité : trop d'argent public distribué sans discernement, trop d'appels à la générosité et trop de mélanges des genres... Exprimées en haut lieu, ces opinions valurent de solides inimitiés à leur auteur.

Mais Pierre-Patrick Kaltenbach n'en a cure. Ce qui importe à ses yeux, c'est de « faire bouger les lignes ». L'un de ses projets, très concret, concerne ainsi directement les organismes faisant appel à la générosité publique. Quelques associations y ont directement participé, mais beaucoup le rejettent avec force. Cette initiative m'a poussé à prendre contact avec lui.

Un simple e-mail, suivi d'un échange téléphonique à l'image du personnage – direct à l'excès, inquisiteur et pourtant cordial – ont suffi. Le rendez-vous a lieu à son domicile. L'immeuble est ancien, légèrement délabré de prime abord. Le hall d'entrée a connu des jours meilleurs et il n'y a ni ascenseur ni tapis rouge dans l'escalier. J'appuie sur le bouton de l'interphone et une voix haut perchée, presque enfantine, se fait bientôt entendre.

« J'ai rendez-vous avec M. Kaltenbach !

– C'est au quatrième, il vous attend ! » répond la voix dans l'interphone.

Arrivé sur le palier, cette même personne, une employée de maison, me fait entrer. Le maître des lieux la suit de près.

« Merci, Carmen », dit-il simplement à la domestique, qui s'éclipse aussitôt.

Pierre-Patrick Kaltenbach, PPK pour les intimes, est vêtu d'une longue djellaba rouge mais porte des chaussures de ville. L'appartement est vaste et parqueté à l'ancienne, comme beaucoup de logements bourgeois de la capitale. Le mobilier est classique, sans ostentation. Nous passons dans un salon un peu défraîchi et prenons place autour d'une table.

L'entretien s'engage d'emblée sur un thème que je n'avais pas prévu : la religion. En marge de sa carrière à la Cour des comptes, Pierre-Patrick Kaltenbach présidait en effet, depuis la fin des années 1970, les Associations familiales protestantes. Il exerce toujours cette fonction, visiblement très importante à ses yeux. « J'ai reçu beaucoup dans le passé, on m'a transmis la Bible et je ne serais pas le même sans cela », avoue-t-il sur le ton de la confidence. Il entame ensuite un long monologue sur le protestantisme, visiblement soucieux de me convaincre, à défaut de me convertir.

« La plupart des Français connaissent très mal le mouvement évangélique, ils le confondent avec les sectes américaines dont on parle régulièrement dans les médias. Or il existe une vraie tradition calviniste française, marquée par les persécutions des XVIe et XVIIe siècles. C'est une religion de résistance, qui considère qu'aucune Église n'est au-dessus des autres. Une religion associative, familiale et « laïque » au sens où, très vite, elle dut se jeter dans les bras de la République pour survivre. »

Difficile, décidément, de s'intéresser au secteur associatif sans toucher au sacré... Cette entrée en matière m'aide toutefois à mieux cerner le personnage. L'un de ses ouvrages prône ainsi le retour de la valeur « famille » dans nos sociétés marquées par la « pauvreté matérielle et morale des tribus recomposées ». Curieux discours pour un adversaire déclaré du sectarisme... Je lui fais observer que mon propos n'est pas de rédiger une thèse sur l'histoire des religions en France, mais PPK insiste : selon lui, le principe de séparation des pouvoirs est d'inspiration calviniste. Et c'est ce principe qui le guidait, en octobre 1995, lorsqu'il fit se rencontrer 150 dirigeants associatifs, entrepreneurs, journalistes et syndicalistes.

La réunion a laissé quelques souvenirs à ses participants. Elle se tenait dans les caves du palais de la Femme, à Paris. Cette structure d'hébergement accueille des personnes en grande difficulté. Elle appartient à une association protestante bien connue :

l'Armée du salut. Et comme le souhaitait Pierre-Patrick Kaltenbach, les personnes présentes ce jour-là étaient d'horizons politiques fort divers : gauche bon teint, Medef ou... Front national. Objectif avoué de la réunion : moraliser la gestion des associations en général et de celles faisant appel à la générosité publique en particulier.

La période était propice. La Cour des comptes enquêtait activement sur la gestion plus que douteuse de l'Association pour la recherche sur le cancer (ARC) dont le président, Jacques Crozemarie, allait être démis de ses fonctions un an plus tard, en 1996. Il serait ensuite traîné en justice en 1999 et condamné à de la prison ferme. Le sulfureux personnage faisait parler de lui depuis plusieurs années déjà. Un premier rapport confidentiel de l'Inspection générale des affaires sociales (Igas), daté de 1988, dénonçait la mainmise du président sur l'association et sa politique très personnelle d'affectation des dons.

Mais le scandale avait eu bien du mal à éclater. « Tout le monde savait que l'ARC n'était pas claire mais personne n'osait porter l'affaire sur la place publique, se souvient cet acteur du monde associatif. Crozemarie disposait d'excellents avocats et attaquait quiconque mettait en cause sa gestion. » Il fallut la fameuse loi du 7 août 1991 (voir chapitre 2) pour rendre possible l'enquête de la Cour des comptes et le procès qui s'ensuivit.

Cette loi oblige, rappelons-le, les organismes faisant appel à la générosité à établir un « compte d'emploi annuel des ressources collectées auprès du public ». Ce document comptable un peu particulier n'est ni un bilan ni un compte de résultat. Il doit permettre au donateur de connaître, poste par poste, l'utilisation qui est faite de son argent. Le législateur a en outre confié à la Cour des comptes le soin de « vérifier la conformité des dépenses engagées aux objectifs ». En clair, de contrôler le compte d'emploi et de rendre publics les manquements ou dérives éventuels.

Les responsables politiques de l'époque souhaitaient surveiller d'un peu plus près les grandes associations. Ils voulaient aussi – surtout – contrer les arguments juridiques de Jacques Crozemarie. Au motif que les dons reçus par l'ARC relevaient du droit privé, celui-ci barrait en effet la route aux instances de contrôle publiques. Michel Lucas, à l'époque directeur de l'Igas, en avait fait l'amère expérience à plusieurs reprises. Il eut d'ailleurs un rôle décisif dans l'adoption de la loi de 1991.

Pourtant, malgré son efficacité dans le scandale de l'ARC, le nouvel outil législatif est longtemps resté imprécis. L'arrêté définissant les différentes rubriques du compte d'emploi ne fut publié qu'en juillet 1993, et il fallut attendre 1999 pour voir apparaître un règlement comptable officiel à son sujet. Et puis, comment se satisfaire des moyens de contrôle limités de la Cour des comptes ? La juridiction était, paraît-il, réticente à endosser cette nouvelle mission : elle avait déjà fort à faire avec ses « clients » traditionnels. Logiquement, cette question des moyens est la première que je pose à Marie-Thérèse Cornette, présidente de la 5e chambre en charge notamment de la générosité publique. La magistrate me reçoit dans son bureau du palais Cambon, le siège de l'institution fondée par Bonaparte, situé à deux pas de la place de la Concorde. Elle est à quelques jours de la retraite et parle avec une certaine liberté de ton, sans langue de bois. « Les organismes faisant appel à la générosité dépassent rarement les 100 millions d'euros de budget annuel, souligne-t-elle. Affecter deux personnes à ce type d'organisme alors que l'assurance chômage, en comparaison, brasse 25 milliards d'euros par an, c'est déjà un effort conséquent pour la Cour. »

« La 5e chambre effectue en moyenne deux à trois contrôles par an, observe quant à lui Pierre-Patrick Kaltenbach. À ce rythme, et si l'on se limite à la centaine d'organismes concernés par la loi de 1991, chacun d'eux est contrôlé en moyenne trois fois par siècle ! » Notoirement insuffisant, même si personne ne conteste le sérieux et la précision des rapports de la Cour…

Voilà pourquoi les 150 personnalités réunies en conclave par PPK en octobre 1995 arrivèrent à la conclusion qu'une agence d'évaluation spécifique au secteur caritatif était nécessaire. Leur modèle : la « Charity commission » britannique, qui enregistre et contrôle près de 190 000 associations dans tout le royaume. Cette instance hybride est souvent citée en exemple par les hauts fonctionnaires hexagonaux. Elle est une agence d'État à part entière – ses missions sont définies par une loi, le « Charities act », et ses employés sont des fonctionnaires – mais échappe au contrôle du gouvernement dans son fonctionnement quotidien. Selon un principe répandu outre-Manche, elle rend compte directement au Parlement : l'idéal même de la gouvernance publique telle que Pierre-Patrick Kaltenbach souhaite l'imposer en France.

Sauf que, en ce milieu des années 1990, leur groupe d'influence n'est pas seul en piste. Il existe déjà en France une instance indépendante de l'État dédiée aux associations caritatives : le Comité de la charte. Une fois encore, un haut fonctionnaire en est l'instigateur : François Bloch-Lainé. Ancien inspecteur des Finances, l'homme a derrière lui une brillante carrière dans le secteur public : on le croise dès les années 1950 à la Caisse des dépôts et consignations, Air France, la SNCF et à l'ORTF, l'établissement public de radiodiffusion-télévision dissous en 1974. Il reprend du service pendant les années Mitterrand et pilote un temps le projet Opéra Bastille.

François Bloch-Lainé a également exercé des fonctions au sein d'organismes à vocation médicale ou humanitaire : l'Institut Pasteur, la Fondation pour la recherche médicale et la Croix-Rouge française. Il connaît donc fort bien le secteur caritatif et sent venir la nécessité d'un « recadrage ». C'est à la fin de la décennie 1980, c'est-à-dire quelques années avant les premières initiatives de Pierre-Patrick Kaltenbach, que le projet de François Bloch-Lainé se concrétise. Les grandes campagnes médiatiques, comme la chanson pour l'Éthiopie ou les soirées des Enfoirés, n'ont alors que quelques années d'existence. Mais leur produit se chiffre déjà en millions de francs. En outre, bien que le législateur ne se soit pas encore penché sur la question, les vicissitudes de l'ARC inquiètent les initiés.

Avec plusieurs dirigeants du secteur, François Bloch-Lainé conçoit donc une série de règles auxquelles associations et fondations se soumettront volontairement : la charte de déontologie. C'est ainsi que le Comité de la charte voit le jour en 1989. À sa création, il regroupe 18 organismes dont la Fondation de France, le Secours catholique, le Secours populaire ou Médecins du monde. François Bloch-Lainé en restera président jusqu'en 1997. L'instance poursuivra ensuite sa route : une commission d'agrément et de surveillance doublée d'une équipe de censeurs seront créées en son sein pour veiller au respect des règles et procéder à des contrôles. Les candidatures, quant à elles, se multiplieront. Résultat : le Comité de la charte compte aujourd'hui 58 membres et fait partie des acteurs écoutés de la solidarité.

Le hic, c'est qu'il est une émanation directe des associations qu'il contrôle. Elles l'ont créé, financé et dirigé seules pendant plusieurs années. Cette filiation entraîne d'inévitables critiques, et l'instance est régulièrement accusée d'être à la fois juge et partie. Certains vont même plus loin et l'accusent de distribuer des « médailles en chocolat ». Conscients du problème, les présidents successifs du Comité de la charte ont tout fait pour en modifier les statuts. Leur souci prioritaire : garantir l'indépendance des contrôleurs, tous bénévoles. Mais malgré tous ces efforts, leur crédibilité est encore mise en doute aujourd'hui.

« Nous avons toujours encouragé les organismes à se prendre en main et à se fixer des règles communes, souligne Marie-Thérèse Cornette. Mais mettre en place un système de contrôle fiable, incontestable et qui évite le corporatisme, c'est une tout autre démarche... » Après s'être un temps appuyée sur ses travaux, la magistrate avoue d'ailleurs avoir pris ses distances avec le Comité... Quant à Pierre-Patrick Kaltenbach, il peut difficilement cautionner une initiative contraire à ses principes. « Je me bats depuis des années pour une bonne gouvernance des associations, martèle-t-il. Je n'ai aucune hostilité personnelle ou politique contre le Comité de la charte mais comment voulez-vous qu'un système où les associations se notent entre elles inspire confiance ? »

Confiance. Le mot est lâché. Sans elle, la générosité des donateurs s'émousse. Les ressources chutent et l'ensemble du système vacille. La confiance, selon Kaltenbach, c'est un système de gouvernance « aux mains propres » garanti par des contre-pouvoirs compétents et surtout indépendants. Mais l'homme est-il vraiment parvenu, au terme de son combat initié au milieu des années 1990, à imposer le système dont il rêve depuis toujours ? Et quid du Comité de la charte, doté aujourd'hui de nombreux adhérents et d'un slogan censé garantir, précisément, le « don en confiance » ? La réponse à ces questions exige un nouveau retour en arrière.

En 1996, donc, la croisade pour la moralisation du secteur associatif lancée l'année précédente par PPK et ses amis entre dans sa phase opérationnelle. Une étude est lancée pour étudier les systèmes de contrôle en vigueur dans plusieurs pays étrangers. Il en ressort que créer un organisme officiel et indépendant façon Charity commission serait long et fort complexe. Mieux vaut faire appel à des partenaires privés intervenant dans le monde de l'entreprise, dont certains sont d'ailleurs agréés par l'Etat : Bureau Veritas, Afnor…

Cette façon de procéder porte un nom : la certification. Elle est même encadrée par la loi, qui précise que cette démarche engagée par les acteurs du secteur eux-mêmes – dans le cas présent, les associations et fondations – peut faire l'objet d'une publication au *Journal officiel*. De prime abord, la chose ressemble fort au code de déontologie du Comité de la charte : les associations et fondations en sont toujours les instigatrices. Mais la réalité s'avère un peu différente. Primo : la définition des règles de bonne conduite – on parle de « référentiel » – fait intervenir un organisme privé extérieur : Bureau Veritas ou l'Afnor, pour reprendre les exemples cités plus haut. Secundo : cet organisme certificateur est lui-même placé sous le patronage d'un comité indépendant, représentatif des différentes parties concernées : associations, usagers, donateurs et Administration. Ce comité, bénévole, participe à l'élaboration des règles et supervise leur mise en œuvre. Une sorte d'autorité morale, en somme…

Un système à « double détente » de ce type est assez éloigné du contrôle par les élus du peuple dont rêve Pierre-Patrick Kaltenbach. Mais, sur le papier au moins, il offre une crédibilité supérieure au label du Comité de la charte. PPK et les siens se mettent donc au travail en 1998. Les grands principes du fameux référentiel s'imposent les uns après les autres : efficacité de l'organisme dans ses missions, qualité de sa gouvernance, caractère désintéressé de sa gestion.

Dès cette époque, les grands noms du secteur caritatif sont contactés et trois d'entre eux se montrent intéressés par la démarche : l'Association française contre les myopathies (AFM), l'Association pour la recherche sur le cancer (ARC) et la Fondation Armée du Salut. Puis, Veritas est retenu pour rédiger le référentiel, le faire publier au *Journal officiel* et entamer, moyennant finances, la certification des organismes.

La rédaction et la validation du référentiel prennent un an, d'octobre 1999 à octobre 2000. Elles s'effectuent sous le contrôle du comité de certification, composé de 12 « sages » bénévoles. Ce dernier est censé, on l'a vu, représenter les intérêts des donateurs, de l'Administration et des collectivités, mais aussi du secteur associatif. Dans la pratique, Pierre-Patrick Kaltenbach reconnaît surtout y avoir « placé ses potes » (sic), en veillant malgré tout à leur indépendance vis-à-vis de Veritas, des pouvoirs publics et des trois organismes intéressés au départ. On y trouve, par exemple, Patrick Nodé-Langlois, ancien cadre dirigeant du groupe Lafarge et administrateur, notamment, de la chaîne TV catholique KTO, créée en 1999 par le cardinal Lustiger ou, encore, Bernard Monassier, ancien président du Congrès des notaires de France, notaire lui-même et administrateur du *Figaro*.

Pour le secteur associatif, le comité de certification compte parmi ses membres un certain Philippe Marescaux. Ce dernier est connu du monde caritatif : il fut secrétaire général des Restos du cœur sous la présidence de Marie Dumas, elle-même en poste de 1993 à 1998. Une période mouvementée dans l'histoire de l'association (voir chapitre 5)... Lorsque Kaltenbach fait appel à lui en 1999, Philippe Marescaux n'occupe plus aucune fonction au siège national des Restos du cœur. L'association est par ailleurs absente de la liste des candidats à la certification. L'homme a donc sa place au sein du comité de certification. Toutefois, l'histoire ne dit pas ce qui se serait produit si les Restos avaient postulé quelques années plus tard… Philippe Marescaux aurait-il démissionné au nom des amitiés – ou inimitiés – qu'il aurait conservées au sein de l'association ? Difficile à dire… « Ce qui importe dans ces situations, c'est la transparence, répond l'intéressé. Dès lors que tout le monde au comité connaît mes responsabilités passées et que je ne participe pas aux débats ou décisions sur telle ou telle association dans laquelle j'ai œuvré, je ne vois pas où est le problème. »

Ce qui est sûr, c'est que le fameux comité compte, dès sa création, un autre membre dont les fonctions, cette fois, sont incompatibles avec les principes d'indépendance édictés plus haut. Chercheur en biologie moléculaire, Pierre Tambourin a mené une bonne partie de sa carrière à l'Institut national de la santé et de la recherche médicale (Inserm). Ses travaux ont porté principalement sur la compréhension des mécanismes qui transforment une cellule saine en cellule cancéreuse. Le succès aidant, l'homme a occupé diverses fonctions d'encadrement et de direction, à l'Inserm et ailleurs. Son parcours, je le découvre assez vite, l'a ainsi mené jusqu'au Génopole. Ce campus de recherche centré sur le gène et ses applications thérapeutiques est basé à Évry (Essonne). Pierre Tambourin en fut nommé directeur à sa création, en 1998. Il occupe encore ce poste aujourd'hui.

Or, si le Génopole a vu le jour, c'est grâce aux efforts conjoints du ministère de la Recherche, des collectivités territoriales (région

Île-de-France, département de l'Essonne, agglomération d'Évry) et… de l'AFM. Bernard Barataud, alors président de l'association, s'est battu pour que le projet se concrétise. Sa qualité de membre fondateur donne d'ailleurs à l'AFM un siège au conseil d'administration du Génopole. À ce titre, Pierre Tambourin est donc tenu de lui rendre des comptes. Parallèlement, au sein du comité de certification tout juste créé, il est censé juger des efforts du même Bernard Barataud pour améliorer la gouvernance de l'AFM. Une nouvelle – et belle – illustration du « je te tiens, tu me tiens par la barbichette », cher aux responsables associatifs et à leurs censeurs…

Pierre-Patrick Kaltenbach est peu à l'aise avec le « cas » Pierre Tambourin. Lui, si prompt à dénoncer les collusions du Comité de la charte, a finalement été confronté au même problème avec son comité de certification. « À l'insu de son plein gré ? » comme l'aurait dit la marionnette de Richard Virenque, le coureur cycliste cher aux *Guignols de l'info*. « Tout était clair dès le départ, assure à ce sujet Philippe Marescaux. Pierre Tambourin était là en qualité de chercheur et personne n'ignorait ses responsabilités. Ses compétences scientifiques étaient utiles au Comité et il n'a pas participé aux débats sur l'AFM. »

L'affaire, en tout cas, n'empêchera pas la certification des trois organismes pionniers engagés concrètement dans la démarche Veritas à partir de l'année 2000. Parmi eux, deux sont déjà membres à l'époque du Comité de la charte : l'ARC et l'AFM. Le premier sort d'une période extrêmement troublée. Michel Lucas, son nouveau président, n'est autre que l'ancien directeur général de l'Igas, qui avait procédé au premier contrôle confidentiel de l'ARC en 1988. Le « tombeur » de Crozemarie est passé aux manettes ! Il doit tout faire pour imposer de nouvelles pratiques et redorer le blason d'une association dont les donateurs se sont massivement détournés. Pas étonnant qu'il se soumette volontairement et simultanément aux différents systèmes de contrôle privé disponibles sur le marché, même si cela représente un coût supplémentaire.

Le cas de l'AFM est différent. Si l'association s'est engagée dans la certification Veritas, c'est qu'elle n'était pas satisfaite du Comité de la charte. Contrairement à l'ARC, il n'est donc pas question de conserver les deux labels, mais bien de substituer l'un à l'autre. La raison de ce désaveu, c'est d'abord le manque de crédibilité du système bâti autour de la charte. « Les contrôles ont toujours été effectués par des bénévoles et leur bonne volonté n'est pas en cause, juge Laurence Tiennot-Herment. Simplement, auditer une grande association ne s'improvise pas et nous préférions un système géré par des professionnels. » Éric Molinié, son prédécesseur à la tête de l'AFM de 2001 à 2003, confirme. « Les censeurs du Comité sont en principe d'anciens commissaires aux comptes et directeurs financiers rompus à la gestion. En fait de spécialiste, ils nous ont envoyé un amiral à la retraite, se souvient-il. Il avait du mal à lire un bilan et confondait trésorerie et investissements ! »

Plus profondément, l'évolution du Comité de la charte lui-même pose problème. « Au départ, c'était un lieu de réflexion et d'échange entre associations, insiste Laurence Tiennot-Herment. Le but n'était pas de créer un organe de contrôle, mais d'identifier les bonnes pratiques et de les faire connaître à tous. » En clair, l'instance aurait dévié de sa mission initiale pour se muer peu à peu en gendarme, qui plus est de manière imparfaite. Cette évolution n'est pas du goût de l'AFM, qui le fait savoir au Comité en 1999. « Nous sommes allés les voir pour proposer la création, en leur sein, d'un vrai corps d'audit composé de professionnels rémunérés, révèle Éric Molinié, à l'époque directeur général. C'était difficile, il fallait mettre tous les adhérents d'accord et augmenter les cotisations, mais c'était réalisable. Ils nous ont répondu que c'était impossible, qu'ils souhaitaient rester dans l'esprit associatif et conserver le principe du bénévolat. »

L'AFM décide alors de se retirer du Comité de la charte. Mais pas n'importe comment. Pour ne pas éveiller les soupçons des donateurs – le scandale de l'ARC est encore très présent dans les mémoires –, l'association attend d'être suffisamment engagée dans la certification Veritas. Elle attend en fait le début de l'année 2000. La certification avance alors à grands pas. Le moment venu, une conférence de presse conjointe avec l'ARC et l'Armée du salut officialisera le nouveau label. L'AFM sera alors très à l'aise pour justifier son retrait, affirmer qu'elle ne rechigne aucunement devant les contrôles mais change simplement d'organisme et de méthode.

Mais le Comité ne l'entend pas tout à fait de cette oreille. La querelle avec l'AFM dure déjà depuis un certain temps, les contrôles ne sont plus effectués et la présence de l'association dans ses rangs lui pose problème. Soucieux de ne pas être pris en flagrant délit de complaisance, les responsables du Comité de la charte décident donc de radier l'AFM. Apprenant la nouvelle en juin 2000, celle-ci réagit violemment dans les médias par la voix de son président d'alors, Bernard Barataud. Elle attaque dans la foulée le Comité en justice. Le tribunal de grande instance de Paris lui donnera raison un an plus tard, jugeant la décision de retrait d'agrément « sans objet et adoptée inutilement ». « Nous étions coincés, se souvient Éric Molinié. L'une des deux associations engagées avec nous dans la démarche Veritas n'était pas encore prête et nous ne pouvions rien annoncer sur le sujet. Du coup, la décision du Comité de la charte faisait automatiquement de nous un mauvais élève. » En d'autres termes, l'action en justice était, selon Éric Molinié, la seule issue.

Ces événements peu glorieux, les responsables actuels du Comité de la charte les évoquent avec beaucoup de réticence. « Je n'étais pas en poste à l'époque, s'excuse Michel Soublin, son président. Je n'ai aucun commentaire à faire sur cette affaire, si ce n'est celui-ci : nos membres adhèrent volontairement et ils sont libres de partir quand bon leur semble. » Toutefois, le départ d'une association aussi influente que l'AFM et l'apparition d'un système de contrôle concurrent étaient sans doute perçus, à l'époque, comme des dangers. En claquant la porte du Comité de la charte, l'AFM susciterait nécessairement des interrogations. Pourquoi ce départ ? Pourquoi recourir aux services de Veritas ? Le système précédent manquait-il de professionnalisme ? Sentant sa réputation menacée ou craignant d'autres départs, le Comité de la charte a manifestement voulu « reprendre la main » : radier l'AFM avant qu'elle ne démissionne, en prétextant un manque de coopération entraînant des retards dans les contrôles. Les démêlés judiciaires qui suivirent n'étaient pas prévus au programme...

Cette période a profondément influencé la communication du Comité : l'instance est devenue plus prudente encore dans son discours. Une évolution qui ne va pas dans le sens de l'indépendance... L'AFM, de son côté, a agi conformément à ses projets et à ses habitudes. Le label Veritas lui a servi de caution de substitution et remplit toujours ce rôle aujourd'hui. Mais de même qu'elle avait fait parler d'elle au sein du Comité de la charte, l'association joua à nouveau les élèves turbulents – ou les clients exigeants – chez Veritas.

Une nouvelle querelle éclate en effet en 2004. Elle concerne un problème majeur et récurrent dans la gestion des associations à buts non lucratifs : la rémunération des dirigeants. Sur ce sujet, la loi du 1er juillet 1901 est très claire : une association est une « convention par laquelle deux ou plusieurs personnes mettent en commun leurs connaissances ou leur activité dans un but autre que de partager des bénéfices ». Les membres de l'association sont donc bénévoles et ses dirigeants élus par l'assemblée générale le sont aussi. En principe simples membres parvenus à leur poste par la voie démocratique, leur démarche doit être désintéressée.

Une dérogation à ce principe fondateur fut toutefois inscrite dans la loi en 2002, et figure désormais au Code général des impôts : quand une association régie par la Loi de 1901 décide que l'exercice des fonctions dévolues à ses dirigeants justifie le versement d'une rémunération, le caractère désintéressé de sa gestion... n'est pas nécessairement remis en cause ! Un brin contradictoire, le texte crée donc de fait le statut bizarroïde de « bénévole rémunéré ». L'humoriste Raymond Devos se serait régalé de la formule... « Cette mesure fut l'une des dernières du gouvernement Jospin, affirme un bon connaisseur du dossier. Un texte précédent réaffirmait le principe de gestion désintéressée. Or, beaucoup d'associations amies du pouvoir en place à cette époque étaient dirigées par un secrétaire général élu et rémunéré. De grands noms s'en sont ému et en ont fait part au gouvernement, qui a fait voter cette disposition dans la loi de finances 2002. »

Le texte autorise ladite rémunération sous certaines conditions : transparence financière ; élection régulière et périodique des dirigeants ; contrôle effectif de la gestion de l'association par ses membres ; adéquation de la rémunération aux tâches effectivement dévolues aux dirigeants. Il exige également de l'association des ressources minimales pour accéder à ce droit : 200 000 euros par an pour un dirigeant rémunéré, 500 000 euros pour deux dirigeants, etc. En clair, il limite la mesure aux « grosses » instances, dont les revenus le permettent et la taille le justifie.

L'AFM entre évidemment dans cette catégorie. Deux ans plus tard, en 2004, le décret d'application paraît enfin et l'association soumet aussitôt la question à Veritas. Le souhait de rémunérer certaines fonctions, au premier rang desquelles celle de la présidente, Laurence Tiennot-Herment, est fort, semble-t-il, parmi les dirigeants de l'AFM. « Je les revois encore " pleurer " dans mon bureau, se souvient un membre du comité de certification souhaitant garder l'anonymat. Ils m'expliquaient qu'ils n'avaient même pas de quoi s'acheter des vêtements décents pour représenter l'association dans les congrès ou sur les plateaux TV ! » Problème : le référentiel de certification initial Veritas reprend le principe de gestion désintéressée inscrit dans la Loi de 1901.

L'AFM met donc tout son poids dans la balance pour faire modifier le référentiel. Veritas, qui refuse de s'exprimer aujourd'hui sur ce sujet trop polémique à ses yeux, accède favorablement à la demande de l'organisateur du Téléthon. Pierre-Patrick Kaltenbach et ses « potes » du comité de certification, à l'inverse, prennent la chose assez mal. Ils refusent à l'unanimité toute remise en question du principe de gestion désintéressée. Ce refus entraîne, selon PPK, le report de quelques mois de la certification de l'AFM fin 2004. Adoubée une première fois pour trois ans en octobre 2001, l'association aurait dû, en effet, voir son certificat renouvelé en octobre 2004. Or, ce n'est qu'en mars 2005 que l'AFM obtient à nouveau le précieux tampon.

Cette période troublée, pendant laquelle Veritas aurait tenté de dissoudre le comité de certification, puis d'enrôler à nouveau individuellement chacun de ses membres, aboutit finalement à la démission collective du comité en juin 2005. Détail cocasse : le courrier entérinant cette décision est signé par chacun des 12 membres du comité y compris Pierre Tambourin, le fameux directeur du Génopole… dont Laurence Tiennot-Herment est alors administratrice. On y lit l'attachement du groupe à sa propre indépendance mais aussi au principe de « séparation des pouvoirs et des intérêts » au sein des organismes certifiés. Car c'est bien cela qui pose problème.

Comment être certain qu'une rémunération accordée aux dirigeants par le conseil d'administration – c'est-à-dire par eux-mêmes – est bien proportionnelle aux tâches imposées à ces mêmes dirigeants ? Comment s'assurer que l'assemblée générale, en principe informée de ces rémunérations, les appréciera à leur juste valeur ? Les garde-fous prévus par la loi sont-ils suffisants pour éviter les dérives ? À l'évidence, non… « Ce qui n'était au départ qu'une tolérance est devenu un droit, déplore aujourd'hui Marie-Thérèse Cornette à la Cour des comptes. Les abus étaient inévitables et nous découvrons souvent, par exemple, des dirigeants à la fois rémunérés par leur association et salariés d'une entreprise extérieure. »

La question fut en tout cas jugée suffisamment sérieuse pour que le comité de certification se saborde collectivement en 2005. « Il existe d'autres formules pour rémunérer un militant méritant : le salariat et la distinction entre directoire et conseil de surveillance », professe-t-il dans son courrier de démission. La certification Veritas poursuivra quant à elle sa route et accueillera même un nouveau postulant peu de temps après : la Fondation

Raoul Follereau, elle aussi démissionnaire du Comité de la charte. Pourtant, Veritas ne souhaite pas s'exprimer sur sa conception du label « Fondations et associations ». L'AFM, en revanche, met toujours en avant le « tampon » Veritas dans ses rapports annuels. L'édition 2007 contient même une intervention de Romain Petit, directeur général de Bureau Veritas Certification France. Le responsable y décrit sa mission d'auditeur, parle de « bonne gouvernance » et précise « qu'en choisissant la certification de service, l'AFM s'est fixé des objectifs de résultat ».

Pierre-Patrick Kaltenbach, quant à lui, a repris le problème à zéro à partir de 2005. Cette fois, c'est l'Afnor qu'il contacte en lieu et place de Veritas. L'organisme est très « franco-français » dans son fonctionnement : association reconnue d'utilité publique, l'Association française de normalisation (Afnor) gère et anime le système français de normes techniques et commerciales, secteur d'activité par secteur d'activité. On lui doit, par exemple, le fameux logo « NF ». Mais l'entité est mixte : elle possède également des filiales commerciales, qui vendent leurs prestations comme toute entreprise privée et ne bénéficient pas des fonds publics de l'association mère. Afnor Certification en fait partie. C'est à elle que PPK et ses amis s'adressent mais en prenant, cette fois, quelques précautions…

« Nous avions le sentiment de nous être fait avoir par Veritas et nous voulions savoir où nous mettions les pieds, insiste-t-il aujourd'hui. Nous avons donc signé un accord écrit avec eux, dont le but était la rédaction d'un cahier des charges et la création d'un label. » Prudent, l'homme recherche cette fois un parrainage officiel. Il le trouve en la personne de Gérard Sarracanie, directeur de la vie associative au ministère de la Jeunesse et des

Sports. La rédaction du cahier des charges démarre donc en 2006, sous patronage gouvernemental cette fois. Un appel d'offres officiel est même lancé l'année suivante auquel l'Afnor, semble-t-il, est seule à répondre… Puis revient la question du « comité des sages », chargé de superviser le prestataire. Son nom a changé : on parle désormais de commission de labellisation. Quelques mois et bien des tractations plus tard, ses 18 membres sont nommés. Nous sommes alors en septembre 2007.

Sans surprise, on y retrouve quelques amis fidèles de Pierre-Patrick Kaltenbach : Patrick Nodé-Langlois, l'ancien cadre du groupe Lafarge devenu administrateur de la chaîne KTO ou encore Philippe Marescaux. Mais aussi des nouveaux venus, au premier rang desquels… Éric Molinié, l'ex-président de l'AFM. Comme pour Philippe Marescaux, parti depuis une dizaine d'années des Restos du cœur, sa présence au sein de la commission n'est pas contestable. Elle a d'ailleurs peu de chance de l'être un jour. On voit mal, en effet, l'AFM mettre fin à ses relations avec Veritas et se jeter dans les bras de l'Afnor après les efforts déployés pour rendre le référentiel conforme à ses pratiques. Néanmoins, l'exemple illustre une nouvelle fois la difficulté à réunir une assemblée à la fois compétente, désintéressée et indépendante des organismes qu'elle entend contrôler.

Cette difficulté, Pierre-Patrick Kaltenbach ne la nie nullement. « On sélectionne toujours des gens en fonction d'un objectif, plaide-t-il. Notre objectif, en l'occurrence, est de renforcer la crédibilité du label et des décisions de l'Afnor. C'est impossible à obtenir avec un collège totalement détaché du secteur et représentant toutes les sensibilités de la société française. Si vous faites cela, ce n'est plus une commission mais un “ Grenelle ”, autrement dit un théâtre d'ombres. Vous êtes sûr d'avoir des gens qui connaissent mal les dossiers, dont l'intérêt est limité et qui finiront par ne plus participer aux réunions. Les membres de notre commission ont peut-être encore des amitiés ici ou là, mais je les connais pour certains depuis plus de quarante ans et je réponds personnellement de leur intégrité et de leur sérieux. »

Soit. Reste que la seule façon d'apprécier ce sérieux et cette intégrité est de juger les travaux de la commission sur pièce... Rédigé conjointement avec l'Afnor, le cahier des charges du label constitue sa première contribution. Sa différence avec le référentiel Veritas est de s'appliquer, non pas au seul secteur caritatif mais à toutes les associations et fondations, quel que soit leur domaine d'activité. Un « principe général de bénévolat » y est bien mentionné concernant les instances décisionnelles. En clair, la rémunération des dirigeants est proscrite.

Le document impose également à l'organisme une « analyse systématique des éventuels conflits d'intérêt », et la mise en place de mesures permettant de les éliminer. Le conflit d'intérêt type, c'est l'administrateur qui propose, souvent en toute bonne foi, de faire travailler une entreprise de bâtiment gérée par un membre de sa famille pour effectuer des travaux au siège de l'association. La démarche semble anodine en apparence. Mais elle évite la mise en concurrence de plusieurs entrepreneurs et peut donc entraîner des gaspillages ou, pire, des surfacturations. Sans parler de l'intérêt financier éventuel que l'administrateur tirera de son rôle d'intermédiaire... « Nous sommes là pour vérifier que les dirigeants de l'association ont conscience du problème, que des procédures existent pour l'éviter et que ces procédures sont appliquées », explique Thierry Geoffroy, chargé de mission à l'Afnor. Le référentiel Veritas, lui, se contente d'exiger une déclaration écrite de chaque administrateur, précisant s'il a ou non « des liens avec des organisations en relation d'affaires avec l'organisme ».

Dernier point enfin, l'attribution ou non du label a lieu après examen du dossier d'audit par la commission des « sages ». L'avis de cette dernière ne s'impose pas à l'Afnor, qui reste seule à décider et engage sa responsabilité. Toutefois, l'avis de la commission doit impérativement être mentionné, quelle que soit la décision finale. Là encore, la démarche est nouvelle et vise clairement à éviter toute mise à l'écart de la commission. Sur le papier, les progrès sont donc tangibles par rapport au système Veritas.

Malheureusement, il est encore difficile de juger de leur mise en pratique. À ce jour, seules deux associations ont mené la démarche à son terme et obtenu le label. Leur taille et leur domaine d'activité n'ont pas grand-chose à voir avec les organisations mentionnées dans notre Top 20 des plus gros collecteurs de dons (voir page 28) : il s'agit d'AFI 24, organisme de formation aux métiers de la chimie et de la biologie et de… Charenton Tennis de table, association sportive basée dans le Val-de-Marne !

« Beaucoup d'organismes nous contactent et nous demandent le cahier des charges, commente Thierry Geoffroy. Mais assez peu, pour le moment, envisagent de s'engager réellement dans la démarche. Celle-ci exige en effet du temps, et les remises en question sont nombreuses et souvent profondes. » La question du coût, également, peut poser problème. Même si Pierre-Patrick Kaltenbach et l'Afnor insistent sur l'accessibilité du label, conçu pour être moins coûteux que les services d'un commissaire aux comptes, la note se chiffre tout de même en dizaines de milliers d'euros pour les grandes associations. C'est non seulement significatif, mais cela pose la question de la neutralité de l'organisme certificateur. « Cette question est cruciale, juge Marie-Thérèse Cornette. Vous ne pouvez jamais être totalement sûr de la neutralité du contrôleur lorsqu'il entretient des relations commerciales avec le contrôlé. » L'évidence même...

Pendant ce temps, le Comité de la charte, lui, voit sa liste d'adhérents s'allonger inexorablement. Il compte aujourd'hui 57 membres parmi lesquels beaucoup de stars du monde caritatif : les Restos du cœur, le Secours populaire, le Secours catholique, la Fondation Abbé-Pierre ou encore Amnesty international France. La certification Veritas et le label Afnor sont donc loin de lui faire de l'ombre. Et pour cause ! L'atmosphère y est conciliante et le droit d'entrée, nettement inférieur. « Il y a un seuil plancher de 500 000 euros de fonds privés collectés annuellement pour adhérer, précise Cyrille Cohas-Bogey, son directeur. Les frais d'adhésion sont proportionnels aux ressources de l'organisme. » Pour les plus petits d'entre eux, la « cotisation » est ainsi de 1 575 euros annuels. Elle va jusqu'à 12 600 euros pour les associations collectant plusieurs dizaines de millions d'euros par an. Rien à voir, donc, avec les tarifs de l'Afnor ou de Veritas, au moins pour les associations de moindre envergure. Mais quid de la crédibilité du label, mise en doute depuis son origine ?

Dans ce domaine, le Comité de la charte s'emploie depuis quelques années à répondre aux critiques dont il fait l'objet. On lui reproche d'être soumis aux associations et de faire plus ou moins office d'agence d'autonotation ? Qu'à cela ne tienne ! Une réforme rendue publique début 2008 a abouti à la nomination, au sein de son conseil d'administration, de quatre nouvelles personnalités indépendantes. Parmi elles : Édith Archambault, professeur à la Sorbonne et auteur d'une étude sur le secteur sans but lucratif, désormais vice-présidente du Comité de la charte ;

Claude Thélot, conseiller-maître honoraire à la Cour des comptes et président, en 2004, de la « commission Thélot » sur l'avenir de l'école ; ou encore Anne Chanon, directrice générale adjointe de l'Autorité de régulation professionnelle de la publicité (ARPP), anciennement dénommée Bureau de vérification de la publicité (BVP).

Résultat : les personnalités indépendantes, au nombre de sept au total, sont désormais majoritaires au « gouvernement » du Comité de la charte. Le conseil d'administration compte en effet toujours six représentants des associations. Or c'est lui, entre autres tâches, qui fait vivre la charte et en modifie les dispositions au fur et à mesure des évolutions du secteur et de la société. La réforme n'est donc pas innocente. Au quotidien, le contrôle des associations membres est toujours effectué par une cinquantaine de censeurs bénévoles, tous dédiés à une ou deux associations au maximum.

Malheureusement, certains détails trahissent encore les limites du système. Depuis la création du Comité, trois organismes seulement ont disparu de la liste des adhérents : l'AFM en 2000, la Fondation Raoul-Follereau en 2005 et Mouvement pour les villages d'enfants (MVE) en 2006. La seule fois, on l'a vu, où le Comité a tenté officiellement de retirer l'agrément à l'un de ses membres – il s'agissait de l'AFM –, cela s'est terminé devant les tribunaux. Les départs de la Fondation Raoul-Follereau et de MVE, quant à eux, étaient volontaires. Dans la pratique, aucune procédure de retrait n'est donc jamais parvenue à son terme. Plutôt troublant…

Certes, le renouvellement de l'agrément s'accompagne souvent de remarques, d'injonctions, voire d'un avertissement. Mais dans ce domaine, la transparence n'est pas de mise. « Notre rôle est de délivrer un message clair, déclare sans rire Michel Soublin, président du Comité et ancien dirigeant de l'association Vaincre la mucoviscidose. Soit l'organisme est agréé, soit il ne l'est pas. Le reste, et en particulier les observations que nous formulons, n'a pas lieu d'être rendu public. Ces remarques doivent permettre à l'adhérent d'améliorer ses pratiques, elles ne sont pas là pour le stigmatiser publiquement. En outre, elles peuvent entraîner une certaine confusion et je ne suis pas persuadé que cela intéresse le public. » Voilà qui résume assez bien une opinion répandue dans le monde caritatif : l'information n'intéresse pas les donateurs et, à dire vrai, ils ne sont pas assez « mûrs » pour l'apprécier à sa juste valeur. « Il serait relativement injuste de montrer du doigt des associations engagées volontairement dans un processus vertueux, alors que la majorité de leurs semblables ne fait rien », estime quant à lui Cyrille Cohas-Bogey, le directeur. Sans commentaire...

Comme ils le reconnaissent volontiers eux-mêmes, les responsables du Comité de la charte ne se substituent ni aux magistrats de la Cour des comptes, ni à toute autre juridiction. Ils ne sont pas là pour sanctionner, mais pour contrôler puis accompagner les associations sur la voie des bonnes pratiques. « On parle souvent de nous comme d'une instance d'autorégulation, ce qui est inexact, insiste Michel Soublin. Le Comité de la charte, c'est une forme de contrôle à laquelle les organismes se soumettent volontairement. Notre but n'est pas de donner puis de retirer des agréments pour le plaisir. Il consiste à œuvrer pour que les gens fassent les choses convenablement. » Mais comment le donateur peut-il juger ce « processus vertueux » sans en connaître les étapes ?

De fait, le principal mérite du Comité de la charte et des systèmes de certification créés après lui est... d'exister. Rien de plus. Difficile en effet d'imaginer que les associations et fondations qui dépensent du temps, de l'argent et de l'énergie dans ces démarches le font en pure perte. Elles sont, à certains égards au moins, plus vertueuses que celles qui ne font rien. Pour autant, labels, tampons et agréments sont loin de constituer des assurances tous risques. Il suffit, pour s'en convaincre, de se remémorer quelques affaires mises en lumière ces dernières années dans le secteur humanitaire et caritatif. L'appartenance au Comité de la charte ? Elle n'a pas empêché les détournements de fonds massifs constatés dans certaines officines ou au siège même des Restos du cœur, dans les années 1990 (voir chapitre 5). Elle n'a pas empêché non plus les agissements frauduleux récents de Danielle Hecquette au Secours populaire de Haute-Garonne (voir chapitre 7) ou, plus près de nous, la mise en cause de la Société protectrice des animaux (SPA) par la Cour des comptes. « Les censeurs du Comité ont peu d'influence sur des organismes très décentralisés comme le Secours populaire, révèle Philippe Marescaux. Seule une association décidée à évoluer, doublée d'un censeur compétent et énergique, peut obtenir des résultats. »

En clair, le tampon du Comité de la charte n'offre pas toutes les garanties que l'on est en droit d'attendre. Ce n'est guère mieux pour la certification : malgré le logo Veritas placé bien en évidence sur la page d'accueil de son site Internet, l'Armée du salut a fait l'objet, en 2007, d'une plainte et d'une enquête préliminaire pour « irrégularités de gestion » (voir chapitre 8). Comment pourrait-il en être autrement ? « Notre rôle est de vérifier que les systèmes destinés à éviter les dérives sont en place et qu'ils fonctionnent, pas de mettre le doigt sur les dérives elles-mêmes », avoue Thierry Geoffroy, de l'Afnor.

Un label, quel qu'il soit, doit donc être pris pour ce qu'il est : un simple certificat de conformité… accordé parfois avec une certaine complaisance. Et n'allez pas reprocher à ses promoteurs de ne pas lever le voile sur telle ou telle pratique douteuse habilement dissimulée. Ils vous répondront qu'ils ne sont ni flics ni juges. Ils ne tenteront même pas de dissimuler leurs liens, parfois étroits, avec les organismes qu'ils sont censés « entraîner dans un cercle vertueux ». La perfection, dit-on, n'est pas de ce monde. Mais l'on peut au moins faire l'effort de s'en approcher…

Chapitre 7

SOLIDAIRES MAIS LIBERTAIRES

98 fédérations départementales, 650 comités locaux, 1 200 permanences d'accueil et près de 4 000 antennes réparties sur le territoire… Qui dit mieux ? Vous pouvez toujours chercher, interroger les responsables, éplucher les sites Internet. Trouver une association humanitaire de cette envergure vous prendra du temps et il n'est pas sûr que l'exercice soit couronné de succès. Le Secours populaire français, c'est de lui qu'il s'agit, est un cas à part dans le paysage caritatif. Ses 86 000 bénévoles sont une force à peu près sans égale, dédiée à la lutte contre l'exclusion et la pauvreté. Une véritable armée de la solidarité avec son histoire, ses rites, ses « héros » emblématiques, mais sans cette discipline aveugle et ce poids de la hiérarchie qui caractérisent les armées traditionnelles. Au « Secours », l'organisation est décentralisée et l'initiative locale, encouragée. Un détail que beaucoup de donateurs ignorent, et qui les concerne pourtant au premier chef.

Annie Grinon est secrétaire générale du Secours populaire de l'Essonne, en région parisienne. Nous avons rendez-vous ce jour-là à la gare RER d'Évry-Courcouronnes, où elle doit passer me prendre. « J'espère que les poils de chien ne vous dérangent pas », s'inquiète-t-elle en m'ouvrant la porte de sa Twingo. Puis elle démarre et se dirige vers la permanence de Morsang-sur-Orge, où une rencontre est prévue avec les bénévoles locaux. Sur le trajet, j'apprends que l'Essonne est l'un des départements phares du Secours en région parisienne : 22 comités et plus de 3 000 bénévoles s'y activent quotidiennement. Des bénévoles qui, au même titre que les donateurs, sont en droit de s'interroger sur la bonne gestion de l'association. Que l'on donne du temps ou de l'argent, le besoin d'être rassuré est tout aussi légitime !

Le comité local est l'entité de base de l'organisation, systématiquement constitué en association. Il a ses dirigeants élus, son budget et souvent plusieurs sites pour exercer son activité. Il participe aux campagnes nationales du mouvement : Don'actions en début d'année, Journée des oubliés des vacances en août, Pères Noël verts en décembre. Il organise également ses propres événements. Les sommes récoltées à cette occasion ne remontent pas nécessairement à l'échelon départemental ou national. Une grande autonomie d'action et de gestion, donc…

Nous arrivons bientôt à Morsang. Annie Grinon se gare au pied d'un immeuble, dans une cité un peu défraîchie construite dans les années 1970. Le décor n'est guère riant, mais ce n'est pas non plus l'un de ces « grands ensembles livrés aux bandes organisées » dont raffolent les journaux télévisés. À peine remarque-t-on, non loin du supermarché « Ed », un camping-car à demi calciné. Lugubre rappel des tensions qui s'expriment de temps à autre, ici comme ailleurs... Nous errons quelques instants entre les immeubles, à la recherche du local où nous sommes attendus. La dernière visite d'Annie Grinon date un peu et elle peine à retrouver ses marques. Nous finissons par rejoindre la permanence, installée dans un local en rez-de-jardin. Une affichette, tout juste visible de loin, signale l'endroit.

A l'intérieur, une dizaine de personnes sont rassemblées. L'ambiance semble gaie et détendue. Quelques bénéficiaires du Secours passent en revue les vêtements récupérés et soigneusement disposés sur des cintres. D'autres attendent simplement d'être reçus. Les bénévoles du comité, toutefois, sont les plus nombreux. La plupart sont des femmes de plus de 60 ans. Volubiles, elles plaisantent et s'invectivent joyeusement, dans un style évoquant davantage la salle des professeurs d'une école communale que le rassemblement de dames patronnesses.

Suzanne et Michèle, les deux bénévoles désignées pour répondre à mes questions, s'occupent notamment de l'accueil des demandeurs, de la définition de leurs besoins. « Nous fonctionnons toujours en binôme, m'expliquent-elles. On s'encourage mutuellement et l'on gère plus facilement les éventuels conflits. Vous savez, les gens qui viennent nous voir font un gros effort sur eux-mêmes. Ce n'est pas facile d'exposer ses problèmes. Beaucoup ne savent plus trop où ils en sont et le premier contact est parfois tendu ou agité… »

Muni de plusieurs bureaux privatifs, le local où nous nous trouvons facilite ce travail d'écoute. Il est prêté par la municipalité, qui prend également en charge les dépenses d'eau et d'électricité. Suzanne et Michèle m'expliquent qu'il en va de même des trois autres sites utilisés par le comité. L'un d'eux accueille le « libre-service » distribuant denrées alimentaires et produits d'hygiène, moyennant une participation symbolique des bénéficiaires – un principe intangible au Secours populaire ; le second est consacré au soutien scolaire ; le dernier, enfin, sert d'entrepôt et de magasin au « bric-à-brac », brocante permanente où l'on peut acheter meubles, jouets et vêtements donnés ou récupérés.

Cette dernière activité traduit bien l'autonomie dont bénéficie le comité. Le local, un ancien hangar à vélos, fut certes mis à disposition par la municipalité. Mais sa transformation et son équipement furent menés à bien par les bénévoles eux-mêmes, aidés ponctuellement par des professionnels. Le tout sans intervention de la fédération départementale ni du siège parisien du Secours populaire. Même chose pour la gestion quotidienne du bric-à-brac : les bénévoles assurent eux-mêmes la collecte ou l'enlèvement des objets au domicile des particuliers. Ils utilisent pour cela un camion appartenant au comité. Ils organisent ensuite les ventes, qui ont lieu chaque premier dimanche du mois. Résultat : une recette comprise entre 2 000 et 3 000 euros à chaque fois, qui arrive directement sur le compte de l'association locale et dont l'utilisation se décide à Morsang.

Entre le bric-à-brac, la buvette/restaurant de la fête de la Musique – 3 264 euros de recette en 2008 –, la tombola des anciens – 1 504 euros – et les soirées dansantes « à thème », comme celle organisée en mars 2009, salle Pablo Neruda, au profit des victimes civiles de la bande de Gaza – 1 280 euros récoltés –, les sommes finissent par être conséquentes. En 2007, les ressources totales du comité dépassaient ainsi 100 000 euros, subventions comprises. L'association est libre de l'usage de cette somme et peut même, si elle le souhaite, l'arrondir encore en sollicitant directement les donateurs de Morsang et de sa région par courrier. Rien ne l'oblige à participer aux mailings nationaux. Et il en va de même pour chacun des 650 comités actifs dans l'Hexagone. Seule condition imposée par Paris : transmettre le fichier des donateurs et prospects afin d'enrichir le fichier national. Difficile de faire moins exigeant…

On le voit, le Secours populaire est un mouvement très décentralisé. Davantage, en fait, que la plupart des grandes associations humanitaires. Clairement revendiqué, ce principe d'organisation n'est pas le fruit du hasard. Il trouve son origine dans l'histoire, déjà ancienne, du Secours et dans ses parentés politiques initiales.

Tout commence dans les années 1920. Le Parti communiste existe en France depuis seulement quelques années et est directement rattaché à Moscou. On ne parle pas encore de « PCF » mais de Section française de l'internationale communiste, ou SFIC, pour bien distinguer ce mouvement de la SFIO (Section française de l'internationale ouvrière), parti socialiste originel créé en 1905. Militants et dirigeants de la SFIC proviennent pour la plupart de la « vieille » SFIO. Ils l'ont quittée en 1920, peu après le congrès de Tours.

L'objectif de l'Internationale, à l'époque, n'est un secret pour personne : reproduire, partout où c'est possible, la révolution russe d'octobre 1917. Longtemps exilé en Europe occidentale, Lénine sait que seul un groupe de militants résolus peut renverser les « régimes bourgeois » en place et instaurer la dictature du prolétariat. Cette perspective est prise très au sérieux par les gouvernements européens. Ils s'emploient pendant les années 1920 à intensifier leur lutte contre la « menace rouge ». En France, la répression contre les militants communistes est de plus en plus ouverte. Or, sans combattants, pas de révolution possible… Il faut donc impérativement soutenir les camarades emprisonnés et œuvrer à leur libération. C'est dans ce but que Moscou décide la création d'organisations de secours. Le Secours rouge international (SRI) voit ainsi le jour en 1922 et sa section française naît officiellement l'année suivante. Directement inféodée à la SFIC, elle est l'ancêtre du Secours populaire actuel.

Son objet initial est « la solidarité aux victimes de la répression capitaliste et aux combattants révolutionnaires emprisonnés, la défense de l'URSS, l'aide aux minorités nationales et aux peuples coloniaux en lutte pour leur libération ». On est loin de la solidarité tous azimuts et apolitique qui prévaut aujourd'hui dans beaucoup d'associations... Très engagé, le Secours rouge « n'est pas une organisation philanthropique qui vient en aide seulement lorsque le combat est terminé, cite Axelle Brodiez dans son ouvrage, *Le Secours populaire français, 1945-2000* (Éd. Les Presses de Sciences Po). Il prend une part active aux batailles de la classe ouvrière et des nations opprimées, ainsi qu'à la lutte contre les préparatifs de guerre ». Il agit donc tout autant sur les causes que sur les conséquences des conflits. En ce sens, il prend ouvertement le contre-pied de la Croix-Rouge, dont la neutralité est alors critiquée par les partis de gauche. Il n'est pas encore question de secourir les victimes de catastrophes naturelles ou de lutter contre la pauvreté, pourtant réelle dans la France des années 1920 et 1930.

Dans ses premières années d'existence, le SRI s'illustre surtout par l'aide matérielle et juridique apportée aux prisonniers politiques, la rédaction de tracts ou affiches de protestation, l'organisation de meetings. En France, la jeune organisation œuvre pour les militants et ouvriers grévistes emprisonnés. Elle soutient également les nationalistes indochinois et malgaches, apparentés à l'Internationale communiste. L'aide du Secours rouge est donc très orientée et l'organisation ne rate jamais un défilé célébrant l'anniversaire de la Commune de Paris, de la révolution russe ou… de la mort de Lénine, survenue en janvier 1924. Il en sera ainsi jusqu'au milieu des années 1930 et son action partisane lui vaudra le surnom de « brancardier de la révolution ».

Puis viennent les années de l'antifascisme. Décidée une fois encore à Moscou, la stratégie d'ouverture et d'alliance avec les ex-frères ennemis socialistes est inaugurée en 1934. Elle se traduit par un changement du discours et des priorités, qui influence directement l'action du « Secours ». La lutte des classes passe au second plan derrière la priorité du moment : l'aide aux victimes du fascisme, en particulier dans l'Espagne en guerre. Avec d'autres organisations classées à gauche, telle la Ligue des droits de l'homme proche des socialistes, des collectes d'argent, de vivres et de vêtements sont organisées. Une « journée nationale pour l'enfance espagnole » a même lieu en avril 1937, toujours selon l'ouvrage d'Axelle Brodiez. Des bateaux sont affrétés pour l'occasion, inaugurant ainsi l'aide humanitaire telle que nous la connaissons aujourd'hui. Sans oublier l'accueil en France d'enfants et le soutien aux réfugiés des camps frontaliers du Sud-Ouest, de plus en plus nombreux à mesure que les républicains cèdent du terrain.

C'est pendant cette période que le Secours change de nom et de statuts. De « rouge », il devient « populaire », traduisant directement l'abandon par le Parti des discours de classes au profit d'une notion plus ouverte et plus rassembleuse : le peuple. Le nouveau « Secours populaire de France et des colonies » adopte alors la plupart des principes qui définissent encore son action aujourd'hui. La solidarité est érigée en valeur centrale. Elle doit s'appliquer « aux emprisonnés, aux émigrés, aux déportés, aux défenseurs de la liberté, en un mot aux victimes du fascisme […], sans oublier les victimes de l'injustice sociale et des calamités naturelles ». Le champ d'action devient beaucoup plus large et les militants de l'organisation – on ne parle pas encore d'adhérents – doivent aider les victimes « de toutes conditions sociales sans distinction d'opinion, de race ou de religion ». Plus question, donc, d'aider les seuls militants communistes. On soutient désormais, au moins officiellement, les populations civiles dans leur intégralité. Encore utilisée aujourd'hui, la devise « Tout ce qui est humain est nôtre » est prononcée pour la première fois en 1938. On est alors dans un contexte politique bien particulier : celui du Front populaire et de l'ouverture du Parti communiste.

Les premiers pas de la décentralisation datent également de cette époque. Soucieuse d'accroître le nombre de ses adhérents, l'organisation crée ses premières « sections » locales, ancêtres des « comités » actuels. Elle multiplie également les partenariats avec d'autres organisations. Cette politique porte ses fruits : de 40 000 en 1934, le nombre d'adhérents du Secours explose à 183 000 en 1938. Pour autant, les liens avec le Parti communiste ne sont pas rompus. À la veille de la Seconde Guerre mondiale, les militants dûment encartés demeurent omniprésents à tous les échelons de l'organisation.

Le Secours populaire a beau combattre l'oppression et la détresse sous toutes ses formes, il n'est pas encore neutre politiquement. D'accord pour aider les civils et tous les civils, mais pas question de renvoyer dos à dos franquistes et républicains pendant la guerre d'Espagne ! L'association prend ouvertement parti pour les seconds et participe aux défilés contre les premiers. Cette posture antifasciste se renforce naturellement pendant l'Occupation, alors que le Secours est privé de la plupart de ses dirigeants nationaux emprisonnés, déportés ou fusillés. Seul l'échelon départemental subsiste dans la clandestinité.

Ce n'est que beaucoup plus tard, une fois la paix revenue et à l'occasion de catastrophes humanitaires d'envergure, qu'il sera question d'émancipation politique. Le processus sera long et chaotique. La guerre froide ne facilitera pas les choses. Au contraire, elle favorisera la reprise en main de leurs « organisations de masse » par les dirigeants communistes d'alors. Le Secours populaire finira tout de même par prendre son indépendance et l'entrée en scène de Julien Lauprêtre, élu secrétaire général en 1955, sera à ce titre décisive.

Fils d'un cheminot syndicaliste et militant PC, passé lui-même par les écoles du Parti après avoir été, sous l'Occupation, membre des Jeunesses communistes, Lauprêtre est un homme du sérail. Il ne fera d'ailleurs jamais mystère de ses opinions politiques, entrera au comité central du Parti en 1964 et y restera plus de trente ans. À 83 ans, il préside encore aujourd'hui le Secours populaire, cinquante cinq ans après son élection au poste de secrétaire général. Un record !

Paradoxalement, l'homme est sans doute mieux placé que quiconque, au milieu des années 1950, pour prendre le virage de l'humanitaire apolitique. Un pied dans le système et un œil sur les évolutions de la société, il saura, dès sa prise de fonction, mobiliser ses troupes en faveur des pauvres et des sinistrés. De l'assistance aux victimes de la catastrophe de Malpasset, dans le Var, en 1959 – la rupture d'un barrage en amont de la ville de Fréjus cause la mort de plus de 400 personnes –, jusqu'à l'aide aux personnes âgées, en passant par les séjours de vacances pour enfants défavorisés, tout est fait pour multiplier les actions concrètes.

La souffrance et la misère, à l'époque, sont les domaines réservés des associations confessionnelles ou apparentées : Secours catholique, Petits frères des pauvres et, bien sûr, communautés d'Emmaüs. L'abbé Pierre a bouleversé la France pendant l'hiver 1954 en lançant, sur les ondes, son célèbre appel. « L'insurrection de la bonté » a mobilisé les foules, rassemblé croyants et non-croyants dans une même indignation et une même soif d'action. Julien Lauprêtre comprend immédiatement la force d'un tel message. Il veut éviter au Secours les accusations d'indifférence, de passivité face à la misère.

Le premier objectif de son action est de combler un vide : celui de la présence communiste aux côtés des plus démunis. Puis le discours évolue progressivement. De plus en plus social, de moins en moins engagé, il traduit la volonté de l'organisation de concentrer ses efforts sur l'aide elle-même, sans se prononcer sur les causes de la misère ou des conflits. Ce faisant, le Secours populaire rentre peu à peu dans le rang des grandes organisations humanitaires apolitiques. Dans les années 1960, il finit d'ailleurs par coopérer sur le terrain avec la Croix-Rouge française, voire avec des associations ouvertement confessionnelles, tel le Secours catholique.

Et le Parti dans tout ça ? Il observe d'abord cette posture nouvelle d'un œil sceptique, voire franchement hostile. Il oblige Julien Lauprêtre à s'aligner publiquement sur sa position lors du référendum de 1958, instaurant la cinquième République en France. Le secrétaire général doit participer à la mobilisation contre ce qui est perçu à l'époque comme le glissement vers un « régime fasciste ». Les tensions avec le PC montent encore d'un cran pendant la guerre du Vietnam, où le Secours maintient jusqu'au bout une position strictement humanitaire. Mais les succès enregistrés, action après action et année après année, vont finir par convaincre le Parti. Non seulement il fermera les yeux sur une neutralité politique de plus en plus clairement revendiquée, mais les liens

« hiérarchiques » entre les deux entités vont progressivement se distendre. Le déclin politique du PC, à partir des années 1980, fera le reste…

Que reste-t-il aujourd'hui au Secours populaire de cette filiation communiste ? À l'évidence, les militants ou ex-militants déçus du Parti, qui ont numériquement dominé l'organisation jusque dans les années 1970, sont encore nombreux. Mais ils ne sont plus les seuls. Des sympathisants socialistes et électeurs de la droite modérée les ont rejoints, pour la plupart depuis la fin des années 1980. Il arrive aussi, dans les permanences, de croiser des bénévoles engagés simultanément aux deux Secours, populaire et catholique ! Solidarité et charité sont devenues conciliables grâce, notamment, à la proximité des modes d'action sur le terrain…

Côté dirigeants, on rencontre au conseil d'administration national des anciens de l'ère communiste : Pierre Kaldor, notamment, ancien résistant, qui fut secrétaire général du Secours populaire de 1943 à 1947. Il fut ensuite évincé pour sa propension à mener – déjà – trop d'actions sociales au goût du Parti. Il côtoie au conseil André Pinatel, ancien prêtre ouvrier et Léon Dujardin, joliment affublé de la profession de « prêtre dispensé de célibat » ! Entré dans les instances dirigeantes en 1973, cet ancien homme d'église fut le premier permanent non communiste de l'association. On trouve également un « ex-militaire de la gendarmerie », deux médecins, quelques cadres et un journaliste économique, mais aussi des secrétaires, un égoutier, d'ex-fonctionnaires. Même si elle ne garantit pas à 100 % la diversité politique, la mixité sociale semble être devenue la règle. Et l'époque où les grandes orientations se décidaient au comité central du Parti est révolue.

Restent quelques stigmates hérités du Secours rouge. Bien que toiletté et remis au goût du jour, le vocabulaire traduit la persistance de certaines valeurs. Discours et bulletins d'information qualifient ainsi régulièrement les adhérents de l'association d'« amis ». Un terme qui évoque irrésistiblement l'ancien « camarades », en plus neutre… Côté organisation, les fédérations départementales, comités locaux et antennes sont un héritage direct des « fédérations », « sections » et « cellules » du Parti communiste. Ces derniers vocables très connotés étaient d'ailleurs utilisés tels quels au Secours jusqu'à la fin des années 1950.

La liberté d'action dont bénéficient les comités et fédérations est un autre héritage du passé communiste, lourd de conséquences celui-là. Au milieu des années 1950, la décision fut prise d'accélérer le développement de l'organisation, à l'époque au point mort. Ce développement passait notamment par la multiplication de permanences locales servant de lieux de rencontre et d'échange avec les futurs adhérents, mais aussi de « bases arrière » aux actions de solidarité. Les militants eux-mêmes, dans leur quartier, leur village ou sur leur lieu de travail, étaient censés créer ces comités locaux. Objectif avoué : quadriller peu à peu le territoire de structures autonomes et proches des habitants, comme le faisaient déjà d'autres organisations (sportives ou culturelles) liées au Parti.

Cette stratégie de proximité s'amplifie à la fin des années 1970, alors que l'idée de décentralisation progresse dans la société française. À cette époque, l'habitude de collecter et gérer ses propres ressources est déjà bien ancrée dans les comités. Elle a même été encouragée par le siège parisien, soucieux de favoriser le développement des structures locales en limitant ses ponctions financières. Résultat : au début des années 1980, seuls 10 % des dons collectés à l'échelon local et départemental remontent sur Paris. Le ratio n'a guère progressé depuis. Il aurait même plutôt reculé : en 2007, la participation des associations départementales et locales au budget de l'association nationale, l'instance centrale basée dans la capitale, représentait 5,2 millions d'euros au total, soit 8,5 % des ressources globales du mouvement (dons, legs, subventions, produits des ventes, etc.).

Louable à première vue, cette politique a souvent buté sur les réalités financières. Car si les ressources de l'association nationale reculent au début des années 1980, les charges continuent de croître. Cette décennie charnière coïncide, au Secours populaire, avec une recherche constante de « visibilité » : l'organisation veut accroître sa présence dans les médias et fait tout pour y parvenir. Des opérations d'envergure sont organisées, notamment à l'occasion de la Journée des oubliés des vacances. Des dizaines de milliers d'enfants de province sont rassemblés sous la tour Eiffel en août 1989. Objectif évident : donner à l'opération un retentissement national.

Dans le même temps, les effectifs salariés du mouvement progressent inexorablement : ils passent de 60 personnes en 1978 à 150 en 1996, puis 300 en 1999. La tendance ne s'est pas inversée depuis et l'effectif global dépasse aujourd'hui les 500 salariés. Conséquence inévitable, même si ces charges ne sont pas toutes supportées par elle, l'association nationale dépense davantage que ses ressources ne l'y autorisent. Le milieu des années 1990 devient pour elle une période de déficit chronique. Le Secours craint même, en 1998, de perdre l'agrément du Comité de la charte. Il lui faut impérativement réagir et, si possible, avec force.

La décision est prise de liquider l'un des derniers héritages de l'ère communiste : la confusion des fonctions politiques et administratives à la tête de l'association. Un poste de directeur général est créé, flanqué de cinq adjoints pour gérer l'association au quotidien. Auparavant, cette fonction était assurée directement par le secrétariat national élu et son président. En créant une direction générale, on espère professionnaliser la gestion de l'association. Les différents services fonctionneront de manière plus cohérente et l'on réalisera ainsi des économies.

Cette réforme est diversement appréciée dans les couloirs du siège parisien. « Personne n'était habitué à ce concept de direction générale, c'était un changement de vocabulaire et d'habitudes radical », se souvient un salarié. Un premier « DG » est nommé en 1999. Issu du monde de l'entreprise, il s'habitue mal à l'ambiance et au mode de gestion de l'association. Il la quitte au bout de quelques mois. Gabriel Darré, ex-secrétaire général de la Caisse des dépôts et consignations, fraîchement retraité, le remplace en 2000. Rien ne prédestinait ce dirigeant d'une institution financière publique à diriger une organisation jadis étroitement liée au Parti communiste. Pourtant, la greffe prend. Elle prend même si bien que Gabriel Darré est élu trésorier national en 2001, un an et quelques mois après son arrivée au Secours.

Avec son adjoint Thierry Robert, passé, lui, par toutes les strates du mouvement et qui le remplacera en 2001, Gabriel Darré prend plusieurs initiatives. Il crée notamment une « structure d'animation de gestion », chargée d'assister les trésoriers bénévoles des comités et fédérations. Il clarifie également le rôle des différents services au siège parisien et en améliore la gestion. Résultat : en 2005 et 2006, alors que Gabriel Darré a déjà quitté le mouvement, l'association nationale enregistre deux exercices bénéficiaires. Mais ses comptes replongent dans le rouge en 2007, avec 274 000 euros de pertes opérationnelles.

L'entité est également lourdement endettée, avec plus de 9 millions d'euros à rembourser à ses différents créditeurs, notamment les banques. Cette somme est supérieure à ses fonds propres (6,7 millions d'euros), signal bien connu des comptables, qui y voient un risque de défaillance. La situation aurait d'ailleurs plutôt tendance à s'aggraver : fin 2006, les dettes s'élevaient au total à 5,8 millions d'euros « seulement ». « C'est un réel souci pour nous, m'avoue Thierry Robert. Nous nous battons tous les jours pour accroître les ressources de l'association et réduire ainsi notre endettement. Nous avons pas mal de progrès à faire, entre autres, sur les legs. » Avis aux généreux donateurs…

En attendant, la situation financière de l'association nationale demeure fragile. La réforme initiée à la fin des années 1990 n'a, à l'évidence, pas tout résolu. De plus, l'organisation « politique » du mouvement n'a jamais été vraiment remise à plat. Et ceci explique sans doute en partie cela… Au fil des événements, des instances nouvelles sont apparues sans jamais éclipser totalement les précédentes. On aboutit aujourd'hui à un empilement de structures difficile à décrypter pour le néophyte.

L'instance originelle, le Congrès national, se réunit tous les deux ans. Elle rassemble la totalité des « amis » des fédérations, comités et antennes répartis sur le territoire. Ce grand raout bisannuel élit le Comité national, sorte de « parlement » du mouvement composé d'environ 200 membres. Les secrétaires généraux des fédérations départementales y siègent d'autorité. Deux instances opérationnelles sont elles-mêmes élues au sein du Comité national : le Bureau national (environ 50 membres), qui fixe les ordres du jour du Comité national et veille à l'application de ses décisions et une Commission financière de 12 membres, chargée d'examiner les comptes de l'association nationale, des fédérations et des comités.

Jusqu'au milieu des années 1980, c'était à peu près tout. Mais une autre entité fut créée à cette époque : le conseil d'administration, dont les 30 membres sont élus tous les deux ans par le Congrès. « La reconnaissance d'utilité publique, en 1985, nous a obligés à créer cette instance », témoigne Michel Bilski, administrateur. Depuis cette date, le conseil d'administration supervise la gestion (politique d'investissement et de rémunération notamment) et le fonctionnement de l'association. C'est ce conseil d'administration que préside Julien Lauprêtre, « père spirituel » du mouvement, toujours très impliqué dans sa gestion, un demi-siècle après son entrée en fonction. C'est ce conseil, enfin, qui élit en son sein le secrétariat national de 18 membres. Entité la plus active de toutes, le secrétariat se réunit au minimum deux fois par mois et constitue le « gouvernement » de l'association. Et la direction générale, dans tout ça ? Constituée exclusivement de salariés, elle est placée sous l'autorité du conseil d'administration et assure l'application quotidienne des décisions, l'animation des équipes du siège, etc.

Difficile de faire plus compliqué… L'organisation du Secours évoque celle d'un État fédéral aux multiples composantes où chaque région, chaque ethnie doit avoir le sentiment de participer aux grandes décisions. Les mauvaises langues parleront d'organisation de type soviétique. Les responsables de l'association, eux, invoquent les principes démocratiques chers aux bénévoles et à leurs représentants. « Le système est bien huilé, assure Michel Bilski. Le Comité national nous permet de garder le contact avec les réalités du terrain et d'éviter les décisions inadaptées prises systématiquement depuis Paris. » Soit… Ce que le responsable ne dit pas, c'est que ce système va de pair avec une grande autonomie de gestion au niveau départemental et local. Autonomie qui favorise l'émergence de problèmes financiers lorsque l'encadrement fait défaut.

Fidèle à sa politique de décentralisation, l'association nationale a longtemps surveillé d'assez loin les comptes des fédérations. À sa décharge, il était difficile d'exiger des 12 membres de la Commission financière, l'instance en charge des contrôles, la surveillance permanente d'une centaine d'associations départementales en plus de l'entité parisienne. Inévitablement, quelques « fédés » ont connu des dérives ou des difficultés, découvertes tardivement par le siège parisien, parfois à ses dépens.

La fédération du Vaucluse fut ainsi mise en redressement judiciaire en 2002, à la suite d'erreurs « dans la gestion et la politique d'investissement », comme l'expliquent pudiquement les responsables nationaux. « La priorité était de maintenir l'activité de solidarité dans le département, commente Thierry Robert. Pour y parvenir, il valait mieux déposer le bilan de la structure précédente et repartir sur de nouvelles bases. » En fait d'erreurs de gestion, il faudrait plutôt parler de graves irrégularités dues à l'ancien secrétaire départemental et à son fils, salarié jusqu'en 2002. Delphine Tisseyre, l'actuelle responsable de la fédération du Vaucluse, est arrivée en 2006. Quand je l'interroge sur ses prédécesseurs, elle évoque sans détours « l'affaire de Carpentras », siège de la « fédé » à l'origine. Elle parle d'argent détourné, d'abus répétés qui conduisirent l'association nationale à porter plainte, en 2002. Paris envoya ensuite ses équipes sur place. Objectif : faire le ménage et mettre en place une nouvelle équipe pour poursuivre l'activité.

La fédération du Vaucluse n'a pu éviter le dépôt de bilan : ses dettes étaient trop importantes. L'ex-responsable indélicat et son fils, quant à eux, ont été condamnés à des peines de prison avec sursis. Une nouvelle structure fut créée dans le département, à Avignon cette fois. Les bénéficiaires purent donc bénéficier de l'aide du Secours populaire sans interruption. Mais qui dit dépôt de bilan dit mise sous administration judiciaire et, souvent, liquidation de l'entreprise ou de l'association. Dans ce cas, l'administrateur rembourse d'abord les salariés lésés s'il y en a, le fisc et, en dernier lieu, les créanciers. L'association nationale figurait parmi les créanciers de la fédération de Carpentras qui lui devait la bagatelle de 393 700 euros. À ce jour, cette somme n'a toujours pas été remboursée…

Des problèmes de moindre envergure se sont posés dans la fédération de l'Aisne, déclarée en cessation de paiement en janvier 2005. D'autres fédérations connaissent des difficultés moins graves et poursuivent leur activité sans intervention de la justice. Mais elles doivent tout de même des sommes conséquentes à l'association nationale. Fin 2007, 13 d'entre elles devaient encore au total 579 000 euros et s'étaient engagées à les rembourser selon un échéancier précis. Une dernière « fédé », celle des Alpes-Maritimes, fait l'objet d'un « différé de remboursement » : un sursis lui est accordé pour régler sa dette de 228 900 euros. Les rapports d'activité publiés restent muets sur la durée de ce sursis, mais la créance fait l'objet d'une « dépréciation à 100 % ». En clair, il n'est pas sûr que le remboursement intervienne un jour, et cette créance n'est pas considérée comme une rentrée d'argent potentielle pour l'association…

Au total, si l'on additionne toutes les dettes des fédérations, l'instance parisienne doit encore récupérer 2,5 millions d'euros.

Ce montant ne s'amenuise pas : fin 2006, il s'élevait à 2,2 millions d'euros. Cette tendance complique la tâche de ceux qui, en interne, œuvrent à « détendre » un peu la situation financière de l'association nationale. « Nous faisons tout pour accompagner les fédérations, mettre en place avec elles des échéanciers et les aider à trouver de nouvelles ressources pour honorer leurs dettes, assure Thierry Robert. Nous n'hésitons pas non plus à taper du poing sur la table lorsque c'est nécessaire. Cela dit, la gestion des responsables n'est pas toujours en cause. Il est fréquent qu'une subvention locale ou départementale soit supprimée et prive brutalement la « fédé » d'une ressource importante et régulière. »

La décentralisation n'a donc pas que des avantages et les dirigeants nationaux en prennent conscience : sans une solide formation des responsables locaux, toutes les dérives deviennent possibles. Mais ce n'est pas sa seule conséquence. En accordant aux comités et aux fédérations une large autonomie, en leur permettant de se doter de moyens financiers importants, le risque est grand d'attirer quelques personnes mal intentionnées. Surtout quand le fonctionnement de ces instances repose presque exclusivement sur la confiance… Outre l'affaire de Carpentras et comme d'autres avant lui, le Secours populaire a ainsi connu son « gros scandale ». Cela se passait en 2005 en Haute-Garonne. Au mois d'avril, un article de *La Dépêche du Midi* dévoilait l'affaire : Danielle Hecquette-Baglan, directrice de la fédération départementale, venait d'être convoquée par les officiers de la section de recherche de la gendarmerie de Toulouse. Elle sera mise en examen et écrouée le lendemain, en compagnie de son fils, pour « abus de confiance aggravé, faux et usage de faux ».

Les accusations qui pèsent sur Danielle Hecquette sont lourdes : elle est soupçonnée d'avoir détourné à son profit d'importantes sommes d'argent appartenant à l'association. Combien exactement ? L'ampleur des dégâts sera connue à la fin de l'instruction : 1,3 million d'euros au total sur cinq ans, entre 2001 et 2005 ! Une somme importante, démesurée même, pour une fédération dont le budget annuel dépasse à peine 600 000 euros. Au point que l'on se demande comment la soi-disant « experte-comptable » – elle s'était présentée à l'association en 1997 en revendiquant ce titre... qu'elle ne possédait pas – a pu tromper son monde aussi longtemps et avec une telle ampleur.

Son mode opératoire n'avait pourtant rien d'original. Il a d'abord consisté à gagner la confiance des « amis » de la fédération. Très sérieuse en apparence, compétente, Danièle Hecquette sait se montrer amicale avec tous et en particulier avec Éliane Bonnet, la secrétaire générale. Au moment de la catastrophe d'AZF, en septembre 2001, elle met en place une procédure d'indemnisation des victimes jugée « très carrée » par ses collègues. Comble de l'ironie, elle convainc même Éliane Bonnet de recourir chaque année aux services d'un commissaire aux comptes !

Rassurés par ces stratagèmes, ses collègues lui laissent les coudées franches. Dans le cas d'AZF, Danièle Hecquette établit elle-même la liste des familles sinistrées auxquelles sont destinés les 2 millions d'euros de dons récoltés par l'association après la catastrophe. Certaines seront bel et bien indemnisées mais d'autres, nettement plus nombreuses, sont fictives ou n'ont jamais sollicité d'aide. « Personne n'a jamais eu l'idée de vérifier l'existence de ces sinistrés et ce qu'ils ont réellement touché : elle était tellement carrée ! » explique alors à la presse locale le comptable de l'association. Il suffit donc à la responsable de rédiger les chèques correspondants en évitant, sous un prétexte quelconque, de mentionner leurs destinataires, puis de les faire signer par la secrétaire générale. Les chèques détournés sont ensuite déposés par Danièle Hecquette sur le compte de… son propre fils. Pour une raison simple : déjà condamnée à Lille, en 1993, dans une précédente affaire d'escroquerie, elle fait l'objet depuis lors d'un interdit bancaire dont personne n'a connaissance au moment des faits.

En charge de l'entrepôt de Fenouillet, dans la banlieue de Toulouse, où sont stockées les marchandises destinées aux différents comités du département, la responsable indélicate va également exploiter ce « filon ». Elle invente des livraisons et fabrique les fausses factures correspondantes. Prétend faire des avances aux fournisseurs et se fait rembourser en toute confiance. Imite les signatures sur les chéquiers de l'association. Bien rodé, son système lui permet, pendant quatre ans, de mener grand train : manteaux de fourrure, bijoux de valeur, séjours dans les palaces parisiens, construction d'une piscine à son domicile. Rien n'est trop beau pour Danièle Hecquette, qui avouera plus tard aux juges « un penchant chronique pour le luxe et l'argent ». Il faudra finalement une lettre de dénonciation anonyme pour éveiller la curiosité de la justice. Entre-temps, la future accusée aura obtenu un siège au secrétariat national du Secours populaire à Paris. Elle n'aura heureusement pas le temps de sévir à cet échelon…

« C'est incroyable, tout de même, vous connaissiez cette personne et vous ne vous êtes aperçus de rien ! » Les bénévoles de Morsang-sur-Orge, avec qui j'évoque l'affaire Hecquette le jour de ma visite dans l'Essonne, n'en sont pas encore revenus. L'ampleur de l'escroquerie, l'impunité totale dont la responsable toulousaine a bénéficié pendant cinq ans demeurent pour eux un mystère, plusieurs années après les faits. Ils interrogent à ce sujet Annie Grinon, leur secrétaire générale. Membre du Comité national – le fameux « parlement » du mouvement où les fédérations sont représentées –, elle a croisé Danielle Hecquette à plusieurs reprises dans cette instance. Mais elle non plus n'a rien vu venir…

« Un escroc, par définition, est quelqu'un qui sait parfaitement inspirer confiance et manipuler les gens, se défend Annie Grinon. Si quelqu'un avait eu un doute au plan local ou national, cette personne n'aurait jamais pu détourner des sommes aussi importantes. » Thierry Robert confirme : « Je l'ai côtoyée et je défie quiconque de déceler quoi que ce soit de suspect dans son comportement. Les bénévoles se sont sentis salis par cette affaire et je les comprends. Nous-mêmes, à l'époque, avons passé quelques nuits blanches. Mais il ne faut pas inverser les rôles : dans cette histoire, les amis qui se démènent depuis des années dans leur comité ou leur « fédé » sont les victimes, pas les coupables. »

À l'évidence, l'épisode a laissé des traces et l'émotion est toujours palpable. « Nous ne pensions pas que c'était possible, pas chez nous », me répète-t-on à plusieurs reprises, en différents lieux. Phrase ô combien révélatrice d'une organisation où la confiance est érigée en principe, où toute idée de surveillance et de répression dérange… Entre amis du Secours, les procédures les plus élémentaires, comme la double signature des chèques ou la fourniture de justificatifs, sont souvent perçues comme une perte de temps. On signe parfois des chèques en blanc et les exigences des comptables du siège sont souvent considérées comme des tracasseries administratives. La priorité est ailleurs, à cette solidarité sans cesse revendiquée, qui soude bénévoles et salariés.

Mais les choses changent. Et le scandale de Haute-Garonne a eu le (maigre) mérite de servir d'électrochoc. « Depuis cette affaire, plus personne dans le mouvement ne conteste l'utilité des procédures », constate Annie Grinon. Un livret récapitulant lesdites procédures fut d'ailleurs rédigé et distribué pour la première fois aux participants du congrès national de Paris, en novembre 2005. Il en est désormais ainsi tous les deux ans, à chaque nouvelle édition de cet événement qui réunit la quasi-totalité des membres du mouvement.

Autre décision consécutive à l'affaire Hecquette : l'ensemble des élus, membres du Comité national et du conseil d'administration, signent désormais une déclaration sur l'honneur. Ils s'y engagent à n'avoir jamais été poursuivis pour escroquerie, détournement de fonds, abus de biens sociaux, etc. « Une déclaration mensongère peut être opposée à son auteur s'il commet de nouvelles malversations, assure Thierry Robert. Elle aggrave son cas devant la justice. » Soit. Le pouvoir dissuasif de cette mesure sur un escroc avéré paraît toutefois limité… La déclaration en question traduit surtout, une fois encore, l'hostilité viscérale du Secours populaire à toute forme de « flicage ». Plus résolues que l'association nationale, certaines « fédés » exigent d'ailleurs de leurs élus départementaux un extrait de casier judiciaire en bonne et due forme. Même cette mesure serait restée inefficace dans le cas de Danièle Hecquette : son casier était curieusement vierge de toute inscription lors de sa comparution devant la justice toulousaine, au printemps 2005. L'accusée n'en était pourtant pas à son coup d'essai…

Les nouvelles tâches confiées en 2006 à la « structure d'animation de gestion » convainquent davantage. À l'origine en 2000, elle était conçue comme un simple organe d'aide aux trésoriers bénévoles locaux qui en exprimaient le besoin. Depuis, elle s'est muée en structure d'audit interne. Outre leurs missions originelles, ses huit membres épluchent désormais les comptes des fédérations ou comités de leur choix. Ils interviennent en particulier auprès des fédérations endettées et mettent en place les échéanciers de remboursement évoqués plus haut. Le déploiement récent d'un nouveau système Intranet, Éch@nges, reliant toutes les fédérations à l'association nationale doit leur faciliter la tâche : il permettra à terme au siège parisien de connaître les comptes desdites fédérations, trimestre par trimestre. Éch@nges sera ensuite progressivement étendu aux comités locaux.

Même souci pour la solidarité matérielle, les dons en nature sous forme de denrées alimentaires, vêtements, meubles, etc. : une ressource très importante au Secours populaire. Rien qu'en 2007, cette aide en nature était évaluée à 224 millions d'euros dans l'ensemble du mouvement, contre 62 millions d'euros seulement pour les ressources financières classiques : dons, legs et subventions. L'informatique doit permettre de mieux comptabiliser cette manne et de l'estimer à sa juste valeur partout en France. Objectif : en établir chaque année le bilan sur l'ensemble du mouvement et non plus une simple estimation. Mais aussi éviter les gaspillages et trafics éventuels.

Et ensuite ? Le Secours populaire ira-t-il plus loin dans la reprise en main ? Multipliera-t-il les contrôles et rognera-t-il les sacro-saintes prérogatives des fédérations et comités, en particulier en matière de gestion ? Probablement pas. « Ce que nous mettons en place depuis quelques années est déjà très lourd, juge Michel Bilski. Aller plus loin, ce serait faire preuve d'autoritarisme et risquer une fuite massive des bénévoles. Il est d'ailleurs inutile d'imposer ou de faire de la répression : les amis comprennent très bien l'utilité des procédures et de la formation. »

Réponse logique dans un mouvement où l'essentiel des ressources, c'est-à-dire le pouvoir, vient d'en-bas. Le Secours populaire prône depuis trop longtemps l'esprit d'initiative, le refus de la fatalité et la prise en main par chacun de sa propre destinée pour instaurer en son sein le règne de l'arbitraire. Il affirme depuis trop longtemps croire en l'homme pour imposer à ses troupes la loi du soupçon. Ses troupes, justement, ne le comprendraient pas. Et sans elles, le Secours n'est rien : il perd du même coup ses moyens d'action sur le terrain et ses ressources financières. Alors, va pour l'autonomie et la décentralisation… même s'il faut en assumer les imperfections. « La solidarité, j'en suis certaine, est plus simple et plus efficace quand on a les coudées franches, tranche Annie Grinon, " l'amie " de l'Essonne. Tout ce qu'il y a autour est plus compliqué ».

Chapitre 8

ET POURTANT, ILS DONNENT...

« Et maintenant, on fait quoi ? » La question sonne comme une injonction, presque comme une menace. Elle émane de cette « majorité silencieuse » chère aux hommes politiques. Tous ceux qui, depuis des lustres, envoient consciencieusement leur chèque de fin d'année à leur association favorite, acceptent les prélèvements automatiques, collectent boîtes de conserve et sachets de pâtes à la sortie des supermarchés. « On fait quoi » face à ces responsables associatifs se comportant, pour certains, en présidents tout-puissants ? « On réclame à qui » davantage de transparence sur les comptes et sur la gestion ? « On réagit comment » aux détournements de fonds répétés, escroqueries et conflits d'intérêt en tous genres ? « On se plaint à qui » des relations incestueuses entre les organismes caritatifs et leurs contrôleurs ?

Instaurer la confiance, rassurer le donateur au lieu de le convaincre : telle est la raison d'être de ces officines de contrôle imaginées par des esprits bien intentionnés mais complices, au final, d'un marketing qui ne prend même plus la peine de taire son nom. Les donateurs, après tout, sont un « marché » comme un autre. On les sonde, on les ausculte, on les séduit avec les mêmes méthodes que Nike ou BNP Paribas. « Dans notre secteur comme ailleurs, la notion de marque est incontournable, professe André Hochberg, président de France générosités, le lobby des associations caritatives (voir chapitre 2). Une cause portée par une marque forte est automatiquement favorisée en termes de dons. »

Et le lobbyiste de revenir sur l'affaire de l'Arche de Zoé, survenue fin 2007 mais pas avec les interrogations de tout un chacun. Ce qui l'intéresse, lui, ce sont les effets de ce scandale sur l'image du monde humanitaire et caritatif : ils ont été finalement moins dévastateurs que prévus. « Ouf ! », tout le monde respire dans la salle. Les donateurs ont évité l'amalgame et la confiance – traduisez « l'argent » – est toujours là. Quant à savoir comment une affaire aussi scandaleuse a pu voir le jour, c'est une autre histoire…

Le sujet de préoccupation majeur de France générosités et de ses adhérents, désormais, c'est le comportement des donateurs en temps de crise. Sortent-ils moins volontiers leur carnet de chèques ou restent-ils au contraire sensibles à l'explosion de la précarité, mettant davantage la main au portefeuille qu'auparavant ? Les avis divergent… L'année 2008, en tout cas, s'est plutôt bien terminée pour les organismes faisant appel à la générosité : malgré un léger recul des dons en octobre et novembre, l'année s'est soldée par une progression de 6,3 % des sommes récoltées. « Heureusement que la crise financière a éclaté en septembre et non en décembre ! », se rassure, un brin cynique, André Hochberg, avant de se féliciter des 12 % de dons supplémentaires enregistrés pendant le dernier mois de l'année.

« Nous avons évité le pire mais nous sommes inquiets pour l'avenir, déclare le responsable. Le contexte est devenu nettement moins favorable et nous devons penser autrement la collecte. Communiquer dans les médias ne suffit plus : il faut mieux cibler ses actions et intensifier le marketing direct. » En clair, aller chercher le donateur chez lui, sur son lieu de travail ou dans la rue ; aller au contact et ne pas hésiter à le bousculer dans son confort supposé. Jean-François Riffaud, directeur de la communication et du développement des ressources à la Croix-Rouge française, ne dit pas autre chose. « Les Français restent généreux et c'est positif, concède-t-il du bout des lèvres. Mais c'est insuffisant pour répondre à l'accroissement de la pauvreté. Il est là le véritable enjeu de la crise. Nous devons à tout prix développer nos ressources, et toutes les idées sont bonnes à prendre dans ce domaine. »

La collecte d'argent dans la rue, via les prélèvements bancaires automatiques ? La Croix-Rouge y recourt, via ONG Conseil, et s'en dit satisfaite. « Nous avons mis de l'argent sur la table pour développer cette activité et ça marche, se réjouit Jean-François Riffaud. Les prélèvements sont aujourd'hui le second moyen de paiement des donateurs, derrière les chèques. » Les dons en ligne sur Internet ? « Ils sont encore marginaux, mais nous y croyons beaucoup, poursuit le responsable. Le fonds de roulement de la générosité, en France, ce sont 10 millions de personnes qui donnent régulièrement. C'est trop peu. Le web nous permet de toucher tous les autres et en particulier les plus jeunes. Il faut leur apprendre à donner et Internet est un bon outil pour cela. »

Cette doctrine décomplexée s'exprime avec d'autant plus de facilité que l'on ressent, chez beaucoup de responsables associatifs, une certaine condescendance à l'égard des donateurs. Rien de flagrant, bien sûr ! Mais le vocabulaire et les expressions trahissent leurs auteurs. On parle « marché à conquérir », « fort potentiel », en oubliant au passage que le don, qui s'exerce sans contrepartie, est le contraire même d'un acte marchand. On envie le « marché » américain de la générosité, dix fois plus important que son homologue français malgré une population cinq fois supérieure seulement. On fustige « l'égoïsme » des Français, pas plus nombreux que naguère à faire un geste malgré l'explosion des besoins. « Promouvoir la philanthropie dans notre pays est très important, juge ainsi Claude Huriet, président de l'Institut Curie. La générosité est la réponse à une société que l'on dit souvent égoïste et qui l'est. » André Hochberg poursuit : « Il y a de grosses réserves de générosité dans ce pays ; nous devons travailler à la fois sur les dons classiques et sur les legs, qui représentent un potentiel important. » À quand une grande campagne de sensibilisation des notaires ou, mieux encore, des actions menées directement dans les maisons de retraite ?

À ce jeu, c'est sûr, on perd parfois de vue l'essentiel. À trop le considérer comme un carnet de chèques ambulant, on oublie que le donateur est muni d'un cerveau. On préfère user et abuser du marketing pour vaincre ses réticences, jouer sur l'affect ou le culpabiliser par médias interposés, comme s'y emploient les organisateurs du Téléthon. L'informer avec précision ne figure pas parmi les priorités, surtout en matière de finances. Pour obtenir des renseignements précis et lisibles sur les sommes récoltées et leur utilisation, il faut être tenace. La plupart des associations les distillent au compte-gouttes ou de manière tellement synthétique qu'ils en deviennent vides de sens, voire trompeurs. « On voit beaucoup de jolis graphiques qui ne veulent rien dire, de ratios dont on ne détaille pas le calcul, déplore Marie-Thérèse Cornette, présidente de chambre à la Cour des comptes. On prend les donateurs pour des imbéciles rebutés par les chiffres et incapables de lire un document comptable. Or, c'est aux organismes eux-mêmes de faire en sorte que cette information soit claire et pertinente. »

Comment en est-on arrivé là ? L'influence du modèle anglo-saxon a été déterminante. Son marketing débridé inspire depuis des années les organismes hexagonaux. Il induit entre eux la notion de concurrence, réelle malgré les dénégations. Avec Internet, les fameuses *charities* britanniques, si longtemps admirées sont maintenant craintes : rien ne les empêche plus de chasser directement sur les terres hexagonales et d'intensifier encore la concurrence. Une course contre la montre s'est engagée, qui justifie certaines pratiques aux yeux des associations.

Mais il y a autre chose. L'attitude des organismes, leur absence de plus en plus manifeste de scrupules vis-à-vis des donateurs s'expliquent aussi par la nature même de l'action humanitaire ou caritative. Ceux qui l'exercent ont le sentiment – justifié, fort heureusement, dans la plupart des cas – de servir une cause utile. Ils contribuent à soulager la misère, à lutter contre la maladie, à préserver l'environnement. Ces causes moralement supérieures les placeraient au-dessus de leurs concitoyens. Contrairement à ces derniers, ils ne collaborent pas à des entreprises bassement mercantiles et ne se rendent pas à leur travail à contrecœur, mus par la seule nécessité de payer leur loyer ou de remplir leur réfrigérateur. Ils ont des convictions, et chaque jour qui passe leur donne l'occasion de les mettre en pratique.

À la longue, cette certitude leur donne le sentiment que tous les coups sont permis. Nous avons le droit, et même le devoir, de bousculer les donateurs dans leur confort, semblent-ils dire. En substance : « Nous devons utiliser toutes les ficelles du marketing pour remplir nos caisses car notre cause est juste. Et ne venez pas – ou pas trop – nous demander de rendre des comptes : nous perdons déjà suffisamment de temps avec les magistrats de la Cour des comptes, les contrôleurs de l'Igas (Inspection générale des affaires sociales), le fisc, les censeurs du Comité de la Charte, alors que nous avons bien mieux à faire. » Un bon connaisseur du secteur précise : « J'observe depuis toujours le même travers chez les responsables associatifs. Leur engagement personnel et la cause qu'ils défendent font qu'ils se croient vertueux par nature et supportent mal les remises en question. Ils considèrent les contrôles comme des tracasseries injustifiées. » Un travers plus évident encore quand la situation personnelle des dirigeants les rend « inattaquables »... Exemples déjà évoqués dans cet ouvrage : la veuve d'un fondateur adulé de tous, désignée comme la continuatrice de son œuvre, ou le responsable engagé contre cette maladie qui lui a enlevé l'un de ses proches.

Pourtant, les donateurs expriment de plus en plus clairement leurs opinions. Ils réclament, chaque fois que la parole leur est donnée, davantage de contrôles et de transparence. Mais rien n'y fait. Année après année, les associations persistent dans leurs méthodes et leurs comportements. Elles supportent toujours aussi mal la critique et rechignent à rendre des comptes. La preuve ? Lorsque France générosités réunit en un même lieu ses adhérents et quelques journalistes, la moindre question de ces derniers suscite des réactions inattendues. Tonino Serafini, du quotidien *Libération*, s'y est risqué il y a peu. « En temps de crise, on peut décortiquer le comportement des donateurs et chercher par tous les moyens à accroître les recettes, mais l'on peut aussi réduire les dépenses, observait le journaliste. Contrairement aux entreprises, où tout est fait actuellement pour “ serrer les boulons ”, je n’entends jamais ce discours chez vous. Pourquoi ? » Une rumeur d’indignation a aussitôt parcouru la salle. « C’est déjà fait ! » criaient certains, alors que d’autres invectivaient directement Serafini sur le mode : « On peut savoir qui vous êtes, Monsieur ? » Étrange réaction pour une question, somme toute, anodine…

Comment s’étonner, dès lors, que le secteur caritatif peine tant à en finir avec ces affaires qui entachent régulièrement sa réputation. Parmi les plus récentes : la plainte pour « irrégularités de gestion » déposée contre l’Armée du salut et révélée par *Le Parisien* en octobre 2008. Tout commence en mai 2007, à l’initiative de deux auditeurs internes. Depuis plusieurs années, les deux hommes épluchent les comptes, visitent la cinquantaine d’établissements d’accueil gérés par l’organisme en France et informent le conseil d’administration des manquements éventuels.

Problème : les remarques qu’ils formulent restent systématiquement lettre morte ou, pire encore, ne parviennent pas jusqu’au conseil. « Je n’ai rencontré qu’une fois ces auditeurs en dix ans et tout a été fait, semble-t-il, pour limiter nos contacts », m’explique Marc Eichinger, ancien administrateur puis trésorier de l’Armée du salut de 1995 à 2005. Soucieux, dit-on, de « se couvrir » et de ne pas être accusés de complicité, les deux plaignants attendent d’avoir cessé toute activité à la fondation pour alerter la justice. Leur plainte évoque notamment cette fâcheuse tendance de la fondation à confier les chantiers des nouveaux établissements à des entreprises amies.

« Les surprises étaient fréquentes au conseil d’administration, se souvient Marc Eichinger. Un projet de maison de retraite à

Bormes-les-Mimosas, dans le Var, a ainsi été confié à un architecte pour la seule et unique raison qu'il avait déjà travaillé pour l'Armée du salut. Aucune mise en concurrence n'a été effectuée. » La maison de retraite en question figure bien sur le site de l'Armée du salut à la rubrique « projets ». Son ouverture était annoncée pour 2009… Un autre établissement pour personnes âgées fut également programmé à la même époque, à Saint-Malo cette fois. La salariée de la fondation en charge du dossier était, d'après Marc Eichinger… adjointe au maire de cette ville ! Là encore, l'établissement est bien mentionné sur le site de l'Armée du salut. Il est, nous dit-on, « le fruit d'un partenariat avec la municipalité et doit prochainement ouvrir ses portes ».

La plainte déposée en mai 2007 évoque également un conflit d'intérêt caractérisé à propos de Martine Dumont, directrice administrative et financière. Celle-ci aurait eu des liens familiaux directs avec l'un des fournisseurs de la fondation. Et que dire du salaire d'Alain Raoul, son directeur général, revalorisé de 18 000 euros en 2005 ? Le responsable était pourtant déjà très correctement payé, aux alentours de 90 000 euros annuels selon plusieurs sources. Il bénéficiait en plus d'un logement et d'un véhicule de fonction.

Les interrogations sont nombreuses et méritent, au minimum, une enquête approfondie. Les magistrats du parquet de Paris, qui examinent la plainte des deux auditeurs, le savent. Ils mettent pourtant plusieurs mois à se décider. Plutôt que d'ouvrir une information judiciaire confiée à un juge d'instruction indépendant, ils ordonnent en octobre 2007 une enquête préliminaire. La nuance est importante : elle permet au parquet, c'est-à-dire à la chancellerie, de garder la totale maîtrise de la procédure.

Cette enquête est confiée fin 2007 à la Brigade de répression de la délinquance économique (BRDE) et dure plusieurs mois. Les policiers entendent les différents protagonistes et se rendent à plusieurs reprises au siège de la fondation, rue des Frères-Flavien, à Paris. À l'issue de ce long processus, le parquet décide finalement, le 29 décembre 2008, de classer l'affaire. Motif : des infractions « insuffisamment caractérisées » aux yeux des magistrats… La fondation se contente d'en prendre acte dans un communiqué daté de mars 2009. Elle en profite pour remercier ses collaborateurs, les donateurs et les pouvoirs publics (sic) de leurs « témoignages de confiance renouvelés ». J'ai cherché à en savoir plus mais mes questions à l'Armée du salut sont restées sans réponse.

Idem du côté du parquet de Paris. Dans un courrier, Nathalie Ancel, vice-procureur, m'informe que le Code de procédure pénale interdit la communication de l'avis de classement sans suite et les conclusions de l'enquête de police. Je n'aurai pas plus de chance avec Isabelle Montagne, vice-procureur chargée de la communication : mes demandes répétées auprès d'elle resteront lettre morte.

Surprenante, cette décision des magistrats ? Pas vraiment, si l'on en croit Marc Eichinger… « 70% des ressources de la fondation proviennent de fonds publics, note l'ex-trésorier. Pousser plus loin l'action en justice reviendrait d'une certaine manière, pour l'État, à se tirer une balle dans le pied. » En clair, la puissance publique n'a aucun intérêt à reconnaître ses propres défaillances dans cette affaire. Principal bailleur de fonds de l'Armée du salut, elle était en effet censée contrôler directement l'organisme et disposait pour cela de deux sièges au conseil d'administration. « Pendant les dix années où j'étais en poste, le ministère des

Affaires sociales n'a jamais envoyé aucun représentant », déplore Marc Eichinger. Le ministère de l'Intérieur, lui, était bien représenté. Mais sa présence n'a, semble-t-il, rien empêché.

Il faut dire que le conseil d'administration, si l'on en croit ses ex-membres démissionnaires, s'apparentait plus à une chambre d'enregistrement qu'à un véritable organe de décision. « Nous recevions une pile de dossiers détaillant les projets en cours deux jours avant l'échéance, se souvient Marc Eichinger. Il était matériellement impossible de tout éplucher en si peu de temps. » Quant aux instances de contrôle extérieures, elles n'ont rien empêché non plus : la Cour des comptes n'a jamais contrôlé l'Armée du salut et sa certification par Veritas, au début des années 2000, fut sans effet sur les malversations évoquées ici.

L'affaire pointe à nouveau du doigt l'épineuse question du contre-pouvoir. Sans cet œil extérieur indépendant et souverain, la gestion des organismes sera toujours sujette à caution. L'État possède la légitimité nécessaire pour l'exercer ou, à tout le moins, superviser étroitement sa mise en place. Mais en a-t-il vraiment la volonté ? « Les associations faisant appel à la générosité lui sont devenues indispensables, souligne Marc-Antoine Pérouse de Montclos, chercheur spécialisé dans le développement et fondateur de l'Observatoire de l'action humanitaire. Il se décharge de plus en plus de ses missions sur elles et peut donc difficilement faire preuve d'une grande sévérité à leur égard. » En langage courant, cela s'appelle du « donnant-donnant » : « Je m'occupe à ta place des sans-abri ou du financement de la recherche médicale et, en échange, tu me laisses les coudées franches sur ma gestion. » Certes, le marché n'a probablement jamais été conclu de manière explicite. Il s'agit plutôt d'un accord tacite entre

« gentlemen » qui se connaissent et se côtoient dans divers cercles de réflexion...

Les fonctionnaires en charge de ces questions le reconnaissent d'ailleurs volontiers : le lobby associatif est puissant et ses amitiés avec les politiques de tous bords sont nombreuses. Rien ne devrait donc changer à moyen terme... D'autant que le désengagement financier de l'État, lui, s'intensifie. Le secteur social et la recherche publique se plaignent à longueur de reportages d'un recul persistant de leurs moyens. Même les associations caritatives en subissent les conséquences. « Vous devez vous habituer à moins compter sur les subventions et davantage sur la générosité à l'avenir », leur avouait fin 2008 Yann Dièvre, directeur de la vie associative au ministère chargé de la Jeunesse et des Sports, à l'occasion d'un colloque.

Difficile, après un tel discours, de leur « mettre des bâtons dans les roues » en exigeant d'elles une gestion irréprochable... L'intérêt bien compris de l'État est de laisser la générosité des Français se développer pour soulager les finances publiques, quitte à fermer les yeux sur certaines pratiques ou dysfonctionnements. Les Américains et les Britanniques ont admis ce principe il y a fort longtemps. Dans ces pays, l'Armée du salut a pu se développer et accroître sa puissance financière en toute tranquillité, malgré les scandales qui ont jalonné son histoire. Critiquée pour son opacité, mêlant allègrement prosélytisme religieux et action humanitaire, elle n'en est pas moins devenue une véritable multinationale. « Leur quartier général international, à Londres, est un superbe bâtiment à l'architecture audacieuse, situé en plein cœur de la City », observe Marc Eichinger.

« L'organisation ne publie pas ses comptes globaux, poursuit Marc-Antoine Pérouse de Montclos. Elle a fait l'objet d'un procès en Grande-Bretagne au milieu des années 1990, suite à des placements à haut risque ayant engendré des pertes sur les sommes versées par les donateurs. » L'Observatoire de l'action humanitaire évoque un autre scandale, intervenu il y a quelques années à New York : financé en partie sur fonds publics, un centre d'accueil pour toxicomanes de l'Armée du salut effectuait un tri à l'entrée, refusant par exemple d'accueillir les homosexuels… Sans oublier cette action en justice entreprise contre des salutistes du New Jersey en 2004 : selon la presse américaine, ils auraient escroqué des immigrants latino-américains en leur faisant miroiter une naturalisation contre une adhésion à l'organisation.

Ces soucis répétés avec la justice n'empêchent pas le général Clifton, chef mondial de l'organisation, de jouer les donneurs de leçon. De passage à Paris au printemps 2009, il demandait des « excuses claires et nettes de la part des dirigeants politiques du monde occidental pour la situation économique dans laquelle nous nous trouvons actuellement ». Le général – dont les propos sont d'ailleurs fort mal traduits et totalement édulcorés sur le site français de l'Armée du salut – avait une excellente raison de se plaindre de la crise : « Nous procédons à des placements financiers et nos actions sont en partie financées par les dividendes que nous en retirons, expliquait-il. La première conséquence de la crise, pour nous, est que ce portefeuille de placements a perdu de sa valeur. » Au moins, les choses sont claires… La stratégie et les tracas de l'organisation sont les mêmes que ceux d'un fonds d'investissements, et son responsable n'hésite même pas à s'en ouvrir à la presse.

Nous n'en sommes pas là en France. Le rapport à l'argent n'est pas – pas encore – tout à fait comparable dans les organisations hexagonales. Mais les mentalités évoluent. Et si elles ne le crient pas encore sur les toits, certaines ont déjà l'habitude de placer massivement l'argent des donateurs – et des contribuables – sur les marchés financiers. Les comptes d'ATD Quart monde nous révèlent ainsi que l'organisation détenait fin 2007 près de 16 millions d'euros de « valeurs mobilières de placement », telles des actions, obligations et autres Sicav. Cette somme représentait la moitié de ses actifs totaux et l'équivalent d'une année et demie de dons et subventions ! On ignore encore comment ces placements ont traversé la crise financière entamée en septembre 2008, et si une partie des 16 millions s'est envolée en fumée… Mais la question demeure : qu'est-ce qui peut bien justifier la constitution d'un tel trésor de guerre ?

ATD Quart monde, fondée en 1957 par le père Joseph Wresinski, est connue pour ses actions contre la grande pauvreté et son intervention directe dans le débat politique. Elle a notamment œuvré, avec d'autres, pour l'adoption de la couverture maladie universelle (CMU) en 1999. Son fonctionnement est original : la plupart de ses actions de terrain reposent sur des « volontaires permanents » qui s'engagent à reverser intégralement leur salaire à l'organisation et à partager, pour certains, la vie quotidienne des personnes aidées. En échange, ATD les loge, assure leur couverture sociale et leur verse quelques centaines d'euros – 520 euros par personne et par mois en 2005, selon la Cour des comptes – pour leurs dépenses quotidiennes.

L'engagement des volontaires permanents et de leur famille relève, on le voit, du sacerdoce. Ils ont fait « vœu de pauvreté » et se placent volontairement au niveau de ressources de ceux qu'ils souhaitent aider, indépendamment de leur qualification professionnelle. Ce principe, que l'on peut juger louable ou au contraire excessif, présente au moins un avantage : il limite les frais de fonctionnement. ATD Quart monde affirme, en outre, imposer le bénévolat à ses dirigeants : président, délégué général, directeur administratif, etc. Résultat : un budget annuel d'environ 10 millions d'euros, stable et raisonnable au regard des actions entreprises… mais sans commune mesure avec les 16 millions d'euros de placements évoqués plus haut. « Aucun principe de précaution, aucune règle de gestion de trésorerie ne justifient un matelas aussi important, souligne Marc Eichinger. Je connais peu d'entreprises privées de taille équivalente disposant de dizaines de millions d'euros de réserves. »

L'explication ? Comme d'autres, ATD Quart monde est en quelque sorte victime de son succès : le total des dons et subventions reçus est la plupart du temps supérieur à ses besoins. Il semblerait alors logique d'en informer les donateurs ou, au moins, de cesser de les solliciter le temps d'absorber cet excédent. Mais cette transparence n'est pas dans les usages des associations et fondations. Médecins sans frontières s'y est risquée début 2005, peu après l'énorme et soudain élan de solidarité suscité par le tsunami sud-asiatique : son appel public à cesser les dons – largement suffisants pour faire face à la catastrophe – a suscité un véritable tollé dans le monde caritatif…

« Les organismes faisant appel à la générosité ont tendance à thésauriser à l'excès, constate Marie-Thérèse Cornette. Ce n'est pas un signe de bonne gestion. Les sommes versées par les donateurs n'ont pas vocation à fructifier en Bourse, encore moins à se déprécier sur des placements hasardeux. » Car c'est bien là le problème… ATD Quart monde a beau jurer, dans la note commentant ses comptes 2007, « poursuivre une politique prudente de gestion de ses réserves financières » et dégager chaque année

« des ressources de la gestion de son patrimoine mobilier », il semble difficile de placer 16 millions d'euros sur un livret A ! Un portefeuille de cette envergure implique nécessairement des placements à risque. Compte tenu des effets de la crise financière, le pire est à craindre… Les « pertes de valeur » annoncées récemment par le général Clifton, chef d'état-major de l'Armée du salut, toucheront à l'évidence beaucoup de ses confrères.

Des précédents existent et furent dénoncés en leur temps par la Cour des comptes. Dans un rapport publié en 2007, le Secours catholique fut vivement critiqué par les magistrats pour sa gestion financière. En 2002, l'association a en effet enregistré une moins-value, c'est-à-dire une perte, de 10 millions d'euros sur la vente de titres. En cause : une Sicav à risque sur laquelle elle avait massivement investi – au point d'en être le porteur principal –, et dont le cours a commencé à baisser en 2001. Le Secours catholique n'aurait vendu ses parts qu'au dernier trimestre de l'année suivante, après moult hésitations. Malgré son ampleur, la « bourde » a eu, il est vrai, des conséquences limitées sur les finances de l'association. Les responsables ont assez vite reconstitué leurs réserves qui, fin 2008, s'élevaient à… 86 millions d'euros ! Ce patrimoine est placé à moyen et long terme dans plusieurs établissements financiers et on ignore encore comment il traverse la crise. Mais la somme elle-même, colossale, laisse songeur…

Et pourtant… Il n'y a pas que les investissements hasardeux, les grosses cagnottes placées en Bourse et les excès du marketing. Les associations et fondations, c'est vrai, tiennent un discours ambigu au donateur sur les besoins. Elles pointent du doigt la misère croissante ou l'expansion des maladies. Ce faisant, elles obtiennent souvent bien plus qu'elles ne peuvent utiliser, faute de moyens humains. Toutefois, cette tentation du toujours plus ne doit pas masquer une autre réalité très concrète : le travail de fourmi effectué au quotidien par les bénévoles et les salariés. Pas toujours gratifiant, ce travail est devenu au fil des ans indispensable. La moindre visite dans une permanence du Secours populaire ou une cité d'accueil du Secours catholique suffit pour s'en convaincre. Et puis, où en serait aujourd'hui le dispositif public de lutte contre la pauvreté sans les prises de position répétées des Restos du cœur, de la Fondation Abbé-Pierre, d'ATD Quart monde et d'autres officines moins médiatiques ? À l'image de toute entreprise humaine, les organisations caritatives sont capables du meilleur (souvent) comme du pire (parfois).

Il serait facile, dans ces conditions, de ne retenir que leurs défauts ; facile de renvoyer tout le monde dos à dos en entonnant l'air bien connu du « tous pourris ». Ce serait aussi caricatural que le discours dénoncé ici. À quoi bon critiquer des associations qui culpabilisent un donateur soi-disant peu sensible au malheur d'autrui, si c'est pour faire preuve à leur encontre d'une égale mauvaise foi ? Les deux postures sont moralement tout aussi contestables. Alors que faire, sinon prôner la vigilance ? Plus les donateurs réclameront d'information et pointeront du doigt les zones d'ombre, moins les associations et fondations commettront de dérapages. Les millions de Français qui les soutiennent n'ont pas toujours conscience de leur pouvoir collectif : celui d'agir où cela fait mal, c'est-à-dire au portefeuille. Autant utiliser ce pouvoir avec discernement et de manière positive, en exerçant d'amicales pressions sur son « asso » favorite…

La démarche est plus simple qu'on ne l'imagine. On peut d'abord se rapprocher de la Cour des comptes et vérifier si l'association a déjà été contrôlée. Mis à part le sporadique prix Cristal de la transparence financière attribué par la fédération des commissaires aux comptes, la Cour, rappelons-le, est la seule institution à enquêter de manière approfondie et impartiale sur les organismes caritatifs. La seule, aussi, à publier ses conclusions. Ses rapports sont accessibles directement et sans frais sur son site, www.ccomptes.fr, rubrique « Publications », puis « Contrôle des organismes faisant appel à la générosité publique ». Les plus conséquents dépassent souvent la centaine de pages et leur lecture intégrale demande du temps. Mais une synthèse d'une page ou deux est systématiquement placée en tête de rapport. Une table des matières permet également de se concentrer sur des points particuliers, selon ses centres d'intérêt.

La partie analysant le compte d'emploi des ressources permet d'apprécier à leur juste valeur les frais de collecte, les frais de fonctionnement et de connaître la part des ressources réellement affectée aux missions de l'organisme. La rubrique « emplois » détaille son activité quotidienne et mesure son efficacité. La politique salariale de l'association ou fondation est souvent commentée dans cette partie. La langue employée par les magistrats demeure accessible, malgré quelques passages plus techniques. Les critiques adressées à l'organisme contrôlé sont toujours clairement exprimées.

Seul problème : depuis son premier et retentissant rapport sur l'ARC en 1996, la Cour a enquêté, en tout et pour tout, sur 17 organismes. Tous sont célèbres et certains ont fait l'objet de deux enquêtes successives, afin de mesurer l'impact du premier contrôle. C'est le cas notamment de la Société protectrice des animaux (SPA), cible récente des magistrats montrée du doigt pour ses gaspillages, ses défauts de contrôle interne et l'« illégitimité d'une direction générale » qui « navigue à vue, avec les défaillances et risques d'irrégularités qui s'ensuivent ». La Cour des comptes a saisi le ministre de l'Intérieur, qui a lui-même engagé des poursuites. Un administrateur judiciaire a été nommé pour faire cesser ces dysfonctionnements. L'action des magistrats est donc suivie d'effets et les donateurs concernés se chiffrent en millions. Mais cela reste insuffisant par rapport aux milliers d'associations faisant appel à la générosité en France, ou même à la centaine d'organismes effectuant des campagnes nationales d'appel au don.

Dès lors, il faut souvent aller soi-même à la pêche aux informations. De plus en plus d'organismes publient leurs comptes sur leur site Internet, facilitant ainsi la tâche des donateurs. Toutefois, il faut parfois chercher un peu et ne pas se contenter de la page d'accueil. Sachez que tout site Internet digne de ce nom dispose normalement d'une barre de recherche dans laquelle on formule sa requête : en y entrant les mots « rapport financier » ou « comptes 2008 », on doit normalement obtenir les informations demandées. Si tel n'est pas le cas, il reste la demande par courrier ou par téléphone. Un organisme disposant de personnel administratif permanent qui resterait sourd à ce type de démarche ou, pire, refuserait ouvertement au donateur de lui fournir ses comptes est à considérer avec la plus grande méfiance…

Le document comptable le plus facile à interpréter est le compte d'emploi des ressources, déjà évoqué à plusieurs reprises. Mieux vaut se concentrer sur le document lui-même et faire ses propres calculs, plutôt que de s'en tenir aux ratios, graphiques et autres « camemberts » produits par l'organisme à l'intention de ses donateurs ; ce n'est guère plus compliqué et cela donne une image plus conforme à la réalité. Le total des emplois, c'est-à-dire des dépenses, y est toujours égal au total des ressources collectées et utilisées dans l'année. Ces dernières comprennent les sommes issues de la générosité publique, affectées ou non à un domaine d'action déterminé (aide aux victimes d'une catastrophe naturelle, par exemple) selon la volonté des donateurs. Elles comprennent également le mécénat, c'est-à-dire les dons des entreprises, et les subventions de l'État ou des collectivités (subventions et autres concours publics).

Les organismes dont les ressources proviennent en grande majorité de la générosité pratiquent souvent un marketing agressif : ils sont plus tributaires que les autres du soutien des « masses ». La règle n'a toutefois rien d'absolu. Des associations très subventionnées peuvent aussi chercher, par tous les moyens, à recruter de nouveaux donateurs. Côté emplois, certains parviennent à consacrer plus de 80 % – et jusqu'à 90 % – de leurs dépenses à leurs missions sociales. La différence, c'est-à-dire les frais de fonctionnement et d'appel à la générosité (mailings, campagnes d'appel au don, etc.), est, dans ce cas, très réduite et atteste d'une gestion économe. Mais attention ! Toutes les associations et fondations n'ont pas vocation à réaliser de tels scores. Les plus récentes, par exemple, dépensent nécessairement davantage pour récolter des dons que celles disposant, depuis de nombreuses années, d'un vaste contingent de donateurs fidèles. Même remarque pour le recours aux bénévoles, plus ou moins facile selon la cause défendue, l'histoire et la culture de l'organisme.

Outre le compte d'emploi des ressources, le bilan mérite également que l'on s'y attarde. Il traduit précisément la situation financière de l'association à la fin de l'exercice, le plus souvent au 31 décembre. Possède-t-elle un patrimoine immobilier important ? Pour le savoir : observer le montant des actifs immobilisés, où figure en principe le détail des immeubles et terrains détenus. A-t-elle effectué d'importants placements avec l'argent des donateurs et/ou les subventions qui lui sont accordées ? Réponse au chapitre « actif circulant », dans la rubrique « valeurs mobilières de placement ». Sans oublier son endettement, également indiqué au bilan mais, cette fois, au passif.

Comme pour le compte d'emploi des ressources, les sommes figurant au bilan doivent être considérées avec prudence. Il est normal, par exemple, pour une association accueillant des jeunes en difficulté, d'être propriétaire d'actifs immobiliers importants. À ce titre, les notes explicatives associées aux comptes doivent être lues avec attention : elles sont souvent riches d'enseignements. Même chose pour le rapport annuel, disponible de plus en plus souvent directement sur le site de l'organisme : on y trouve des informations sur sa politique salariale et, en principe, les rémunérations de ses dirigeants. Dans tous les cas, il ne faut pas hésiter à comparer entre elles les associations et fondations exerçant le même type d'activité. Le mensuel *Que Choisir*, entre autres, s'y emploie régulièrement dans ses dossiers consacrés au monde caritatif.

On le voit, agir en donateur responsable demande un minimum de temps et d'effort. Or le monde dans lequel nous vivons exige déjà beaucoup, au quotidien, pour assurer l'indispensable. Toutefois, le sujet mérite peut-être que l'on s'y attarde. Ce qui se joue ici, c'est la transparence et la réputation d'un secteur. Il incarne et met en musique la solidarité. Sans lui, notre société, déjà passablement amochée, sombrerait dans le scepticisme et le repli sur soi. Mais un danger persiste. Le scénario encore et toujours répété de longues périodes de cécité, ponctuées de temps à autre par un scandale retentissant. Un organisme apparemment au-dessus de tout soupçon est mis en cause et l'indignation se manifeste à grand bruit. « Le secteur a fait beaucoup de progrès en quinze ans mais cela ne signifie pas qu'une affaire comme celle de l'ARC soit devenue impossible », prévient Marie-Thérèse Cornette.

À chaque soubresaut, la notion même de solidarité perd un peu de sa valeur. Le cynisme et la résignation marquent des points au son des « à quoi bon ? » inlassablement répétés. C'est ce cycle infernal qu'il faut briser. Et les donateurs sont mieux placés que quiconque pour accomplir cette tâche. Certes, ils auront du mal à faire entendre leur voix. Il y faudra sans doute quelques initiatives collectives, comme celles entreprises par les petits actionnaires dans les entreprises cotées en Bourse. Mais là réside le vrai, le seul contre-pouvoir. Et le moyen le plus sûr, pour les acteurs de la solidarité, d'en finir une fois pour toutes avec leurs vieux démons.

FIN

TABLE DES MATIÈRES

Conception graphique / Couverture / Mise en page : Thierry Anceaux
Photo : © Fotolia - Feng Yu

Impression : Jouve – Mayenne (53)
Imprimé en France

Première édition
ISBN : 978-2-9533196-1-3
Dépôt légal : novembre 2009
N° d'impression : 494934K

Éditions Bertrand Gobin
9, rue Madame du Campfranc – 35000 Rennes
www.bertrandgobin.com